王羲之评传

中国历代书法家评传

何炳武 化晓方 母晓燕 著

陕西新华出版

太白文艺出版社·西安

图书在版编目（CIP）数据

王羲之评传 / 何炳武，化晓方，毋燕著. -- 西安：
太白文艺出版社，2018.6（2023.6重印）
（中国历代书法家评传 / 何炳武主编）
ISBN 978-7-5513-1289-9

Ⅰ. ①王… Ⅱ. ①何… ②化… ③毋… Ⅲ. ①王羲之
（321-379）—评传 Ⅳ. ①K825.72

中国版本图书馆CIP数据核字(2017)第214888号

王羲之评传
WANG XIZHI PINGZHUAN

作　　者	何炳武 化晓方 毋 燕
责任编辑	李明婕
封面设计	可 峰
出版发行	太白文艺出版社
经　　销	新华书店
印　　刷	三河市同力彩印有限公司
开　　本	787mm×1092mm 1/16
字　　数	131千字
印　　张	10.25
版　　次	2018年6月第1版
印　　次	2023年6月第3次印刷
书　　号	ISBN 978-7-5513-1289-9
定　　价	32.80元

联系电话：029-81206800
出版社地址：西安市曲江新区登高路1388号（邮编：710061）
营销中心电话：029-87277748 029-87217872

序

陕西省书法家协会名誉主席　雷珍民

　　陕西古为雍、梁之地，又称三秦大地，纵贯南北，连通东西，位于中国地理版图的中心区域。在整个周秦汉唐时期，关中地区都是古代中国政治、经济、文化的中心。数千年来，悠久的历史、厚重的文化，为陕西书法的不断发展繁盛、经久不衰提供了充足的营养。

　　在三秦文化肥沃的土壤之上，历代书法名家辈出，传世的精品碑帖不计其数。商周时期的青铜器铭文、先秦时期的石鼓文、西安碑林所藏的秦李斯《峄山碑》、汉熹平石经《周易》残石、《曹全碑》《大唐三藏圣教序碑》《道因法师碑》《颜勤礼碑》《颜家庙碑》《多宝塔感应碑》《玄秘塔碑》等皆堪称书坛瑰宝。众多作品中仍以隋唐时期为盛。隋代的智永，初唐时期的欧阳询、虞世南、褚遂良、薛稷，中晚唐时期的颜真卿、柳公权都是绝贯古今、声名显赫的书法大家。陕西因此而享有"书法的故乡"之美誉，声闻海内外。

　　改革开放之后，随着社会经济文化的不断发展，中国传统文化逐渐复兴，书法作为中国传统文化中最有特色的一门艺术也获得了长足的发展。一方面，在传统文化全面复兴的大潮下，书法有了更广泛的群众基础。由于书法在塑造完美人格、培养高尚优雅审美情趣等方面有着不可替代的作用，也越来越受到社会各界的认可。业余书法爱好者的数量迅速增加，书法艺术群众化、民间化的趋势日益明显。另一方面，从事书法研究的专业队伍不断壮大。整个陕西书法界呈现出百花齐放、百家争鸣的良好态势。陕西的书法家们通过作品展览、专题讲座、理论研讨等多种形式积极弘扬传统书法艺术，推动陕西书法事业的不断发展。书法研究者能够潜心钻研书法，发表论文，出版专著，举办展览，开坛讲学，在理论、实践等方面都取得显著成绩的同时，也将陕西书法的声誉和影响拓展到三秦大地之外更为广阔的领域中去。

近年来，专业人员积极投身书法理论研究，将书法的专业研究与群众普及结合起来，扩大陕西书法群众基础，推动陕西书法进入了新阶段。为了更好地传承祖国的书法艺术，陕西省社科院中国书画研究中心何炳武主任主编了《陕西书法史》。这套书出版后引起了较大的社会反响，对深入认识陕西书法、普及书法发挥了重要的作用。

现在，陕西省社会科学院中国书画研究中心又撰写了"中国历代书法家评传"丛书。他们选择中国书法史上最具代表性的书法大家作为研究对象，通过多种渠道搜集相关文献资料，进行深入的个案研究。其研究视角不仅仅关注书法家书法风格形成的历史背景及时代风貌，更注重其书法思想、理论的研究，关注书法家对前代的继承、创新和对后世的影响，将书法家的人生经历、时代背景与其书法创作紧密联系起来。这样的研究方法突破了传统研究中书家与书作相分离的局限，也为书法研究开辟了一条崭新的道路。

"没有高度的文化自信，就没有中华民族的伟大复兴。"十九大以来，随着中华民族伟大复兴进程的加快，更好地传承中国优秀传统文化，深入挖掘中华优秀传统文化的内蕴，是摆在我们面前最重要的任务，也是每一个学人在新时代下的责任。我认为，这套丛书的陆续出版，对于推动陕西书法事业的发展和弘扬祖国优秀的传统文化都具有重要的意义。

是为序。

2017 年 10 月 16 日

目录

第一章　王与马共天下

　　在中国历史上,魏晋南北朝是一个战乱不断、国家分裂的时期。从汉献帝建安年开始,社会处于战火之中,战乱频仍,民不聊生。到公元 280 年,晋武帝统一了全国,但安定的局面仅仅维持了不到三十年,不久八王之乱起,晋室永嘉南渡。政权的不断更迭与长期的封建割据,使人民生活在灾祸和苦难之中。然而这也是一个艺术高度繁荣的时期,在魏晋南北朝这长达三百六十余年的时期内,由于民族的融合、东南地区的开发、中外文化的频繁交流,文化艺术领域丰富多彩,不仅文学、思想等领域光华灿烂,而且书法艺术也获得空前的发展。

　　在我国历史上,没有任何一个时期有这样多的不朽的书法家。唐代窦臮在《述书赋》中概括了这些书法家的情况:"博哉四庾,茂矣六郗。三谢之盛,八王之奇。"①这些书

山东临沂王羲之故居(王羲之出生地)

① 〔唐〕窦臮:《述书赋》,转自《历代书法文论选》,上海古籍出版社,1979 年。

法家按照血统,在父子、兄弟间传承流变,形成书法文化世家,构成了魏晋书法史的主体。而这其中影响最为深远的是从山东走出去的琅琊王氏。这个家族承载着齐鲁文化的奇崛与厚重,又深入江南腹地,领略江浙山水之奇和人文之秀,发展成南北文化融合状态下的新文化世家,并最终孕育和培养出千古"书圣"王羲之。以王羲之为代表的书法艺术家将魏晋南北朝时期的书法推向了顶峰,而这个制高点,在我国历史上,至今仍然是一座不易超越的高峰。

王羲之画像

王羲之,字逸少,号澹斋,小字阿菟。祖籍琅琊临沂(今山东临沂市南)。生于西晋惠帝太安二年(303),卒于东晋穆帝升平五年(361)。官至右军将军、会稽内史,世称"王右军"。王羲之的郡望是琅琊,乃王吉十世孙。琅琊王氏,东晋南朝顶级门阀士族,四大盛门"王谢袁萧"之首,无论是清谈名士,还是廊庙权要,或是书画弈棋高手,琅琊王氏人才辈出。琅琊王氏,开基于两汉,鼎盛于魏晋,南朝以后走向衰落。王氏家族的兴衰,与中国封建社会的用人制度、政治制度和经济制度的发展变化有着密切关系,而西晋书法艺术思想的整个格局,与世风的变化关系至为密切。

一、奢靡之风　及时行乐

司马炎,司马懿之孙,司马昭嫡长子,晋元帝司马睿从父也。咸熙二年(265)代魏称帝(史称晋武帝),定都洛阳,建立晋朝,史称西晋。西晋书法创作的整个格局,与士风的变化至为密切。晋武帝在立国后的十六年,终于结束了持续八十多年的割据局面,统一了全国。但统一局面仅仅维持了三十余年便战乱又起,最终导致永嘉南渡,偏安江左。这期间士人心中并无盛世心态,为避免卷入政治的旋涡,他们逃避现实,及时行乐,生活放纵而奢靡。

晋武帝登基之初,尚能厉行节俭,虚心纳谏,但好景如昙花一现,"饱暖思淫欲",稳定的生活让他开始追求享受,宫中姬妾近万人,夜夜笙歌,不顾百姓疾苦。他统治时期官场上比富之气盛行,公开卖官,司马炎在奢侈风气中起了带头作用。上行下效,士人皆追求纵欲而奢靡的生活。

在晋朝著名的文人中,有些爱财如命的人,如王氏家族的王戎,爱财达到了不近情理的地步。他广殖货财,日计夜算,犹嫌不足,甚至连自己的女儿借钱也斤斤计较。也许是为了表明自己政治上的无野心。聚敛财产的,还有山涛,山涛曾被弹劾,因为侵占官田。这种视财如命的人中,不仅有名教之士,也有玄学名士,可见晋朝士人的私欲高涨,生活放纵而奢靡。

西晋士风的悖谬,另一个主要原因是士人在政治高压下的选择。任何一个朝代的更迭,士人都面临着重新选择的处境,如何去留关系重大。司马氏对待士人的手段是很残酷的,所杀士人多为名士。在这样的政治气氛中,名士们生活上逃避现实,追求奢靡,崇尚谈玄,雅爱文艺,一代士风为之转变。

清张大千《竹林七贤图》

魏晋南北朝时期,是我国历史上文学艺术得到很大发展的时期,无论是文学、绘画、书法、雕塑、音乐都是大家辈出,留下了许多不朽的作品。这些作品无不是光芒万丈,前无古人,奠定了后代文学艺术的根基与趋向。特别是书法艺术对后世影响极大,魏晋南北朝时期是书法艺术发展的鼎盛时期,只有在这书法艺术的鼎盛时期,才能造就王羲之这位书法艺术的巨匠。那么,为什么在魏晋南北朝时期书法艺术如此兴盛呢?

文学艺术不可否认要受到经济基础的制约与影响,但它更直接地受到当时思想精神气氛的影响。魏晋南北朝时期,统治阶级的内部矛盾尖锐,战争不断,人民颠沛流离,知识分子对统治者感到失望愤懑。魏晋士人为寻求解脱和心理上的平衡,于是终日醉酒服丹药,裸裎放诞,追求刺激;他们思考宇宙、生命的本质,发挥个性;他们以狂狷来反抗乡原社会,反对统治者借礼教维护自己权位的恶势力。这当然是要付出代价的,他们不顾名誉、地位,甚至不顾招来杀身之祸,与虚伪的礼教社会做斗争。曹操以"败伦乱俗、谤讪朝廷、大逆不道"的罪名杀了孔融,孔融七岁的女儿、九岁的儿子都死于曹操的刀下,曹操维护伦理的虚伪性可想而知了。司马昭用"无益于今,有败于俗,乱群惑众"罪名杀了嵇康。嵇康临刑东市,神气不变,索琴弹奏《广陵散》,悲壮而感人。

魏晋风流名士反对名教甚至达到极致的程度,例如孔子的二十代裔孙孔融,曾大胆反对名教对待父母的理论,他说:"父之于子,当有何亲? 论其本意,实为情欲发耳。子之于母,亦复奚为? 譬如寄物瓴中,出则离矣。"孔融从生物家的观点阐述父母与子女之情,可谓妄为大胆,这是时人难以接受的,但这种对儒家"君要臣死,臣不得不死;父要子亡,子不得不亡"的伦理纲常不能不说是一种叛逆。许多事实使士人对君主,对朝廷失去了信仰,更多的人不再把忠于朝廷看成是天经地义的事,被强化了的儒家伦理观念的种种束缚开始松动了。他们任情纵欲,尽情享乐人生,用多种方式表现自我,价值取向由原来的一元化向多元化发展,从一个规范的伦理天地向感情的世界过渡,名士风流受到了崇尚。

从晋武帝开始的西晋,士人不再有建安时期积极进取、慷慨悲歌的情怀,晋人崇尚名教,言必玄远,从向外追求事功转向关心自身的得失。西晋石崇曾说:"士当身名俱泰,何至瓮牖哉!"这可以代表当时士人的普遍心态,他们玄谈、求名、求利，以及爱好文艺、追求书法艺术飘逸情趣的行为，都可以从求全自保、及时行乐这一心态中得到解释了。

政治斗争的残酷无常，对士风的另一个改变是政权凝聚力的消失。士人凭自身利益而考虑问题以求自全。贾谧的二十四友和后来在"八王之乱"中士人的各为其主，士无节操，没有道德上的理由，不过是利害关系的选择罢了。晋武帝继承人的选择失误直接导致了政权的覆灭，他竟然选了一个智力有残疾的儿子做太子，即后来的晋惠帝，中国历史上典型的昏庸无能的皇帝。司马衷继位登基，贾南风被封为皇后。由于司马衷天生愚笨，即位后贾后掌权，专擅朝政，《晋书》评价贾后"妒忌多权诈，臭名远扬"，是"八王之乱"的始作俑者之一。晋武帝去世不久，宗室之间就爆发了"八王之乱"，汝南王司马亮、楚王司马玮、赵王司马伦、齐王司马冏、长沙王司马乂、成都王司马颖、河间王司马颙、东海王司马越，争权夺利，社会经济遭到严重破坏，西晋统治集团的力量消耗殆尽，隐伏着的阶级矛盾、民族矛盾便迅速爆发。

王羲之的曾祖父王览在西晋初官至光禄大夫，王览的哥哥是著名的二十四孝"卧冰求鲤"的主人公王祥，在西晋时官至太保。到王羲之的父亲王旷，时逢"八王之乱"起，公元305年左右，司马越全面掌权，追随司马越的琅琊王司马睿奉命镇守下邳，王旷与司马睿是表兄弟，也随之来到下邳。此时，朝廷局面已经不可收拾，全国又陷入分裂混战的局面。

惠帝在位十七年，被东海王司马越毒死。司马越将惠帝毒死后，立司马炽为帝，是为晋怀帝，年号永嘉。在位七年，被匈奴贵族政权刘汉军俘虏，后被刘汉主刘聪用毒酒毒杀。

永嘉七年（313）一月，怀帝被毒死的消息传来。尚书、左仆射鞠允，卫将军索琳、梁芬等人，于同年四月在长安扶立司马邺为帝，是为晋愍帝，年号为"建兴"。但这时的王羲之家族已迁至江南，西晋王朝已经名存实亡。建兴四年

八王之乱图

（316），晋愍帝投降于刘汉军，受尽屈辱，后被刘聪杀害。西晋至此宣告灭亡。

二、西晋灭亡　永嘉南渡

两晋时期，琅琊王氏家族是将相之家、书法世家、名门贵胄。永嘉之乱发生后，王氏士族集团辅佐琅琊王司马睿，王导的堂兄弟、王羲之的父亲王旷认为：当时北方夷族太多，建议司马睿南渡，把首都定在南京，实施战略转移；而此前，王导、王旷已经南下"开辟"了根据地。他的建议通过从兄王导向琅琊王司马睿提出。司马睿接受并于永嘉元年（307）九月抵达建邺。

建兴元年（313）永嘉南渡，整个中原地区的北方名门望族和精英，以及政府机构、官员、甚至士族家中的用人和鸡鸭牛马都被带过了长江。这次以门阀士族为主的大迁徙共有九十多万人，琅琊王氏是其中最重要的一支。琅琊王氏不仅仅是在东晋一朝风光，在整个六朝时期甚至唐宋时期都对国家政治有着举足轻重的影响。整个中国封建社会的历朝历代，甚至有"不以王氏为皇后，便以王氏为宰相"的现象。

建武元年（317），皇族司马睿在建康称帝，是为晋元帝，史称东晋，占有着今长江、珠江及淮河流域。东晋立国，王旷的功劳当不在王导之下。司马睿镇建康后，王旷任扬州北境的淮南郡太守。

南京（建康）乌衣巷图（原王、谢家族居住旧址）

　　晋元帝登基的那天，王导和文武官员都进宫来朝拜。晋元帝见到王导，从御座站了起来，把王导拉住，要他一起坐在御座上接受百官朝拜。意外的举动，使王导大为吃惊。因为在封建时代，是绝对不允许有这样的事的。王导忙不迭地推辞，他说："这怎么行。如果太阳跟普通的生物在一起，生物还怎么能得到阳光的照耀呢?"王导这一番吹捧，使晋元帝十分高兴。晋元帝也不再勉强。但是他总认为他能够得到这个皇位，全靠王导以及王导堂兄王敦的力量，所以，对他们特别尊重。他封王导担任尚书，掌管朝内的大权；又让王敦总管军事。王家的子弟中，很多人都封了重要官职。由于对司马政权的大力支持和艰苦经营，琅琊王氏被司马睿称为"第一望族"，并欲与之平分天下。王氏势力最大时候，朝中官员四分之三以上是王家的或者与王家相关的人，真正的是"王与马，共天下"。

　　随着王氏宗族日益强盛，王敦拥兵骄恣，对朝廷构成威胁。晋元帝感到大权旁落，于是他将刘隗、刁协等视作心

8

腹,想利用他们抑制王氏家族。这样,刚刚建立的东晋王朝内部就出现了分裂。加之南北大族之间时常发生冲突,内乱频生,导致东晋政权并不稳定。刘隗、刁协专权用事,在皇帝面前疏间王氏,王敦、王导气愤不平,曾多次上疏,皇帝由于偏听偏信不加采纳。王敦在永昌元年(322)于武昌举兵想用武力消灭刘、刁之党。皇帝勃然大怒。王敦是王导的堂兄,发生这样的事件,王氏家族可谓是大祸临头,王导脱下朝服带领王氏子弟二十余人,日夜伫立宫门前请罪,听候发落。王羲之时年二十岁,应该对家族的这场危机记忆深刻,这无疑也影响了他日后内心深处对仕途的淡漠之感。

刘隗、刁协平时专横跋扈,现在更是认为消灭王家势力的时机已经成熟,便连续多次上奏皇上要求将王氏满门杀绝,斩草除根。元帝面临这复杂的局面,考虑到王导是东晋的开国元勋,对朝廷忠心耿耿,平时也恪尽职守,此时态度诚恳;更重要的是王导为人宽厚,万一王敦得势,将威胁到朝廷和他本人的安全时,王导或许会在大动乱中起到非常重要的作用。最后元帝以"大义灭亲"为名,免诛其族。

永昌元年(322)正月,王敦以诛隗剪恶为名在武昌起兵,江南大族沈充也起兵响应。王敦攻入建康,王敦的军队从四处进入京城,宫中大小官员逃之夭夭,元帝身边只剩下为数不多的几个人。元帝被迫当场封王敦为丞相、江州牧等要职,使王敦退守武昌。在王敦到了石头城后,元帝因受不了王敦的侮辱,忧郁而死。太宁元年(323)明帝即位,当时王敦已移往姑孰(安徽省当涂县),他虽身患疾病,仍再次威胁朝廷,明帝乘机派兵讨伐,王敦因病已不能带兵,故指派他的哥哥王含应战,结果大败。王敦也因忧愤使病情加重而去世。

历时两年的"王敦之乱"就此结束。王羲之虽然未曾遭祸,但"王与马,共天下"的时代终成过去,琅琊王氏的势力大大削弱,王氏家族从被信任到被怀疑,如履薄冰,使王羲之进一步认识到官场的腐败险恶。

三、乱世之美　思想活跃

魏晋是一个动乱的时代,也是一个思想活跃的时代。新兴门阀士大夫阶层社会生存处境极为险恶,同时其思想行为又极为自信,风流潇洒,不滞于物、不拘礼节。士人们多特立独行,爱好清谈,又颇喜雅集。正是在这个时代,士大夫中诞生了影响后世的文人书法标杆,产生了令人模范景仰的书圣王羲之。时人评论王羲之"飘若游云,宛若游龙",这在当时是极高的评价认可,说明王羲之身上有魏晋士人最看重的率直任诞、清俊洒脱的名士风度。

晋室南渡之后,相对安稳的生活、南方的佳山秀水,使上层门阀士族的生活主题也发生了变化:一是清谈;二是人物品藻;三是沉醉于江南幽丽的山水中;四是热衷于诗文、音乐、书法、绘画等。

魏晋时期,上层士人之间以清谈为武器,驰骋于思想论坛,他们深刻的哲理和精湛的辩论艺术,风靡上流社会的知识界。擅长清谈,则能够赢得美誉。王羲之有高深的修养,也擅长清谈,并很得清谈高手殷浩赏识。殷浩称王羲之"清鉴贵要"。清鉴,指聪明悟达,有高明的鉴别力;贵要,指王羲之不仅身份贵重,而且能够在清谈中简明扼要,一语中的。

众所周知,汉代经学具有严格的师承关系和森严的家法师法,表现出较强的人身依附关系,而清谈则打破了这种沉闷的学术风气。晋人认为,不被权势、世俗左右,独立于天地,德被于天下的人格才是最美的。在这种中国封建社会的思想"沙龙"中,大官与小官、官与非官、长者与幼者之间的等级差异消失了,能否清谈已经成为当时评论上层社会人士文化修养高下的标准。整个社会上至帝王下至文武官员,文人僧道都崇尚和参加清谈,江南最大的氏族琅琊王氏和陈郡谢氏,更堪称当时的清谈领袖。丞相王导以清谈折服朝野,谢安谈《庄子》"作万余语"而怡然自得,同样,王羲之也受时风影响,擅长清谈玄理,胸襟洒落,能够以独到的见解写下《书论》《兰亭集序》等有深刻哲思的文章。

清谈对美学和哲学的发展，曾起到过一定的积极作用。冯友兰在《中国哲学简史》中指出："清谈的艺术在于，将最精粹的思想，通常就是道家思想，用最精粹的语言，最简洁的词句表达出来。所以它是很有讲究的，只能在智力水平相当高的朋友之间进行，被人认为是一种最精妙的智力活动。"清谈对于魏晋思想解放运动以及玄学的诞生也起了不可估量的作用。玄学的辩名析理完全是抽象思维，从这一方面说，魏晋玄学是对两汉哲学的一种革命。玄学正是以它对宇宙——人生问题的更深刻见解，战胜了汉儒魏法，风靡了思想界。而佛教之所以在这个时期深入渗透到中国文化，后来逐渐取代了玄学，同样是因为清谈所造成的追求真理的开放学术风气有关。在魏晋清谈的刺激下，士人在本性上得到了解放。

但是任何一种事物都有一个"度"，超过了这个"度"就会走向反面。魏晋时代的清谈，波及当时的知识阶层、各级官员乃至皇帝，他们整天谈玄说理，激烈论辩，相互驳难，耗去了大量的精力和时间，甚至连吃饭也顾不上，颇为艰苦，更遑论关心国事了。

王羲之出身于人才辈出的官宦家族，家族的熏陶，使他懂得治理国家的重要意义。他反对清谈误国，但也在一些信札中说过"助明清谈""足下清谈，想必有理"，说明他也欣赏清谈高手。他日常往来的朋友孙绰、许询、支遁等都是擅长清谈的名士，但他为官则忧国，为人则正直，当朝野清谈风气过甚影响大局，他则会产生忧虑。因此虽然他身上有淡泊功名、崇尚自由的思想，却也有理性的思考。他反对过度的清谈，据记载：王羲之与谢安曾携手共登冶城。悠然遐想，有超乎世俗的志趣。王羲之说："夏禹勤于政事，手足磨出老茧；周文王管理国家，连吃饭都无暇顾及，如今朝廷边境战事频繁，执政者应思考效忠国家，空谈浮华会荒废大事，恐非当今执政者所应有。"谢安说："秦任用变法务实的商鞅，只延续两代就败亡了,这难道也是空谈浮华带来的祸患吗?"

　　王谢二人辩论清谈对社会的影响,姑且不论谁是谁非,却可以说明清谈在士人之间无时无处不体现着。东晋一代,王、谢豪门并称,两家子弟投身仕途只是高门之下自然而然的事,但其具体家风仍有不同。王家从王导、王敦开始,虽然讲求的也是名士风流、清谈玄理,但归其本质,其家族的心灵建构是儒(尘世进取之心)大于道(老庄放达之情)。从东晋到南朝,王家在朝廷上居要职的人要比谢家多得多,始终与最高权力者保持着关系;而谢家实际上从西晋末期的谢鲲那里,就已经把这个家族的门风确定了下来,经谢尚、谢奕,到谢万、谢安,再到后来的谢灵运,其心灵是以老庄的放达之情为根本的,儒家重建,君主绝对权威的恢复,使谢家子弟一时难以适应,最后才有了谢灵运、谢朓等人的悲剧。特别是王羲之骨鲠正直,充满正义感的性格,让他对一些问题并不会打哈哈,三缄其口,而是有自己的态度,所以忧危心切,对一些社会问题包括以后的北伐之战都发表过很有见解的言论。

　　上层社会除了流行清谈,人物品藻之风也十分盛行。晋人卓荦不羁,任情放达,追求自由精神和个性的解放,当时的风流名士把人生看成艺术的人生。他们还把别人的评鉴看成自己存在的意义。人物的品评非常兴盛,成为晋代美学的一大特征。魏晋时期实行九品中正制,所谓中正,就是掌管对某一地区任务进行品评的负责人。中正官选拔官吏主要依据其家世、品德等确定品级,对人物的评价不仅看人的容貌、身体之美,也看重人的精神风貌。由此社会上形成专门的品鉴学。而品鉴在美学史上有重要意义,宗白华曾指出:中国美学竟是发于"人物品藻"之美学。美的概念、范畴、形容词,发源于人格美的评赏。

　　王羲之为人旷达,"东床快婿"的典故发生在他身上传为美谈。太傅郗鉴派人拿着自己给王丞相的亲笔书信到王府去选婿。王丞相见过信后对这个门客说:"你到东厢房去任意挑选吧！"门客到东厢房看过之后，赶回郗府，对太傅说："王丞相的各个儿子都值得夸奖。听说我为您选女婿，都故作姿态，以示不凡，只有一个年轻人，袒露腹部躺在东床上，好像没听说有这回事似的。"郗太傅说："就是这个公子最好。"这个公子就是王羲之，于是郗太傅将女儿嫁给了他。王羲之光明洒脱，不做作不迎合的态度，符合晋人追求风神潇洒的情怀，所以得到了太傅的赏识。

人物品鉴在汉代以前已经广泛流行，但一直未形成潮流。到了汉代，刘邦下"求贤诏"后，两汉的很多帝王都照此效仿，要求各地方举荐"贤良方正"，从此，人物品鉴与社会的实际需要拉近了距离，对社会政治生活和知识分子的行为方式产生了直接的制约和影响。品鉴是有其目的性的，虽然不像李白说的一经品题，便作佳士，但它可以影响甚至决定一个人的名誉、地位、前途。

与东汉相比，魏晋人物品鉴更显得潇洒和自由，人们将人物的容貌、举止风度主体精神作为审美对象，在对自身的审美中得到了超凡的愉悦。东汉"清议"人物品评的侧重点在于人的学识德行；而魏晋的人物品评，强调的是人的精神气质、仪容风貌，以神韵飘逸为品藻人物的标准。如王羲之见杜弘治叹曰："面如凝脂，眼如点漆，此神仙中人也。"当时对王羲之的品评是：时人目王右军"飘如游云，矫若惊龙"。"游云"表示飘逸的风貌，品格高洁，而"惊龙"则象征生气勃勃，独具神韵，"神仙中人"是神韵、飘逸另一种比喻的表达。晋人也喜欢以人格特点类比书法气质，说："王右军书如谢家子弟，纵复不端正者，爽爽有一种风气。"这明显是受到人物品藻风气的影响，将书法与人格精神联系起来。

在晋人看来，自然界中的万物生机勃勃，灵趣动人，它们的美应当与人物的品格是一致的，所以我们现在所见到的人物品评，很多方面用自然美来形容，而对书法作品的美，却以人的肢体的筋、肉、骨等来类比书法的笔画，这就是由人物审鉴对文艺作品审美风格的影响。一个时期艺术作品的风格面貌与当时的审美理想密切相关,也可以说是某一时代的艺术作品是当时美学观点的具体体现。王羲之书法上的追求不是老辣、粗犷,而是洒脱自如,线条光洁,很少用颤笔,呈现出来的是一种纯净玄远之美。犹如玉人"在玉山上行,光映照人",正是晋人追求的风神洒脱的精神风貌。

魏晋风流名士、文人学子狂放超逸,他们的一些举止达到惊世骇俗、使人不可接受的程度,然而他们对人对事一往情深,率真任性,令人感叹。冯友兰先生认为有深情、有玄心、有洞见、有妙赏,是魏晋风流的四大特点。宗白华《论〈世说新语〉和晋人的美》一文中说:"晋人虽超,未能忘情。"又说:"晋人向外发现了自然,向内发现了自己的深情。"南朝刘义庆的《世说新语·伤逝》中云:"王子猷、子敬俱病笃,而子敬先亡。子猷问左右:'何以都不闻消息? 此已丧矣。'语时了不悲,便索舆来奔丧,都不哭。子敬素好琴,便径入坐灵床上,取子敬琴弹,弦既不调,掷地云:'子敬,子敬,人琴俱亡!'因恸绝良久,月余亦卒。"

这是一种何等高尚真挚的情感! 宗白华认为这是一种"对宇宙人生体会到至深的无名的哀感"。根据《世说新语》记载:王羲之的儿子王子猷(即王徽之)在一个风雪的夜里,咏左思《招隐诗》,忽然想起戴安道(即戴逵),便随即乘船而去,到了那里却没去见戴安道就回来了。他认为"吾本乘兴而行,兴尽而返,何必见安道!"东晋名士们率真任性,不同凡响,无拘无束,不按常人规范行事。他们反对名教,我行我素,崇尚"真""和"自然",从而在艺术上也敢于打破传统的禁锢,挥洒人生的情感,突显个人的人生价值。

此外,魏晋南北朝时期道教和佛教得到较快发展,作为宗教,两教的共同点是寄希望于将来,以帮助人们解脱当下因战乱带来的苦难。北宋苏轼在《潮州韩文公庙碑》中写道:"自东汉以来,道丧文弊,异端并起。"言下之意是指传统儒学式微,而道教兴起,佛教传入。三种思潮的兴衰更替,促成了三种文化的冲突与融合:第一是外来文化(如佛教)

与中原文化的冲突与融合；第二是传统文化与新兴文化（如道教）的冲突与融合；第三是官方文化与民间文化的冲突与融合。士族文人在信奉中以求超脱避世，从而求得心灵的安顿。这种道、儒、佛合一的思想，在发展中向士族渗透，王羲之深受其影响，《晋书·王羲之传》说："王氏世事张氏五斗米道，凝之弥笃。"可见王羲之与其子均事奉五斗米道教。而王羲之留下的《乐毅论帖》《黄庭经帖》《道德经帖》等，都来自老庄思想，表现了道家的色彩。

东晋崇尚老庄无为思想的风流名士行为放达，其中不少人消极避世，隐居山林，以达到远离世俗的目的。风流名士中，也有不少人虽然未曾隐居，但也沉湎于山水之中。他们写山水以寄情，赏山水以品情。当时人们寄情于山水之乐也是颐养性情的一种表现，王羲之一生无论从政还是辞官，都从未忘怀过山水。正是对山水之美的热爱，使他欣然在《兰亭集序》中写道："永和九年（353），岁在癸丑，暮春之初，会于会稽山阴之兰亭，修禊事也。群贤毕至，少长咸集。此地有崇山峻岭，茂林修竹，又有清流激湍，映带左右，引以为流觞曲水，列坐其次。虽无丝竹管弦之盛，一觞一咏，亦足以畅叙幽情。是日也，天朗气清，惠风和畅。仰观宇宙之大，俯察品类之盛，所以游目骋怀，足以极视听之娱，信可乐也。"当时在场的有很多人，都创作了精美的山水作品。文人们在江南那一片秀丽的山水中"游目骋怀"，得到精神的满足。

王羲之离不开那个时代，离不开他所处的环境，在他身上有着风流名士的特征。王羲之出身世代为高官的王氏家族，即使对政治并无兴趣，但耳濡目染，比较务实敏锐，对世情判断较为理性，有他特有的思想、见解、人格、个性，是一位有思想有情怀的艺术家，与其他完全沉溺清谈、追逐享受的士人截然不同。他对世事的看法颇有见地，不人云亦云，坚持独立的个人见解，有"鉴裁"，不轻易改变自己的主张，态度鲜明，疾恶如仇，"时人道阮思旷：骨气不及右军"，故而有"骨鲠"之称。

王羲之曾与许询同去拜访丹阳太守刘惔,当许询见到刘惔家床帷新丽,饮食丰甘,很是羡慕,感慨地说:"若此保全,殊胜东山。"刘惔说:"卿若寿春,今安徽省寿县西南,魏晋南北朝时,为扬州、豫州、南豫州及淮南郡、梁郡治所。凶吉由人,吾安得保此。"这时王羲之十分尖锐地指出:"令巢许遇稷契,当无此言。"说得他们满面愧色。王羲之对那些虚伪的暗主昏臣是从不顾情面的,我们从他"骨鲠"的秉性中,可看出他的真情实感、坦荡的胸怀和真善美的闪光点。

王羲之讲究天性率真,反对矫揉造作,不愿饰容献媚以求仕,他对官职看得很淡,不求虚名。"羲之高爽有风气,不类常流",当他五十九岁谢世后,皇上赐封他为金紫光禄大夫,他的子女们遵照他生前意愿固让不受。这些体现出王羲之对外在利益的淡泊情怀,对独立的人格美的追求。

王羲之所处的时代,国家分裂,政权更迭频繁,使得士人更有兴趣投向于生活本身,寄情于书法、绘画、诗歌等艺术,特别是玄学的产生使他们更加追求内心的宁静,也为书法发展提供了欣赏群体;人物品藻的盛行,使书法走上为艺术而艺术之路。正如鲁迅所说,魏晋人于文学上是自觉的,于书法亦然。追求书法的一种风神,而这种风神正是魏晋风度,他们重视在书法中抒发书家神情志趣,不拘泥于法度,书法于他们是性情的挥洒,而非为了名利被役使的负担活动。

历史是无情的,也是公正的,后世人对王羲之的人品给予了很高也很公允的评价,元代书法家赵孟𫖳认为:"右将军王羲之,在晋以骨鲠称,激切恺直,不屑细行,议论人物,中其病十之八九,与当道讽谏无所畏避。发粟赈饥,上疏争论,悉不阿党。凡所处分,轻重时宜,为当晋室第一流人品,奈何其名为能书所掩耶!"王羲之不仅书法为第一流,为人也是第一流!

第二章　吾素自无廊庙志

永嘉五年(311)六月,匈奴首领刘聪命刘曜、石勒攻克西晋都城洛阳,怀帝被俘,这位阶下囚于永嘉七年(313)死于平阳(今山西临汾西)。这段时间社会动荡,人心惶惶,加之司马睿在江南招揽人才,北方士族大批南迁。书法与文化教育联系在一起,当时的平民百姓极少有受教育的机会,缺少文化,更谈不上有什么书法家。而士族中人文化程度较高,自然书法家多集中在他们中间。北方士族南迁,北方的书法也随之带到了江左。这就是书法史上常说的"渡江"。由于地域等原因形成的两大书派,这次得到了会合与交融,促进了书法艺术的发展并为书法新秀的成长,营造了一个良好的环境。就是在这一背景下,王羲之家于永嘉年间随琅琊王氏家族迁居建康。

一、倾心书法　转益多师

汉代以来,统治阶级为了封建社会的发展需要,很重视文字在各部门的应用,书法的价值也被发现。文人是否擅长书写,与仕途有直接关系。根据《汉书》记载,许多官吏的提拔都与"擅书"有关。朝野好书的风气更是在东汉灵帝时达到高潮。"灵帝征天下工书于鸿都门,至数百人。"帝王的重视,使书法艺术得到了空前的发展。到了魏晋时期,书法艺术作为社会交往的重要内容,更是在士大夫中形成追慕、仿摹的风气。曹操每将梁鹄书悬挂帐中赏玩。东晋南渡之后,门阀士族尤为重视书法在文化生活中的地位,当时显赫的门第如王氏、谢氏、卫氏、庾氏等均为世代沿袭、互相染习的书法世家。

王导是东晋政权的奠基人之一，仕三朝，为人性情温和，极具政治才干，帮助司马睿建立东晋政权，全心全意辅佐他，在元帝登基后，又助他定谋反，维护帝室，稳固政权。王导不仅是位杰出的政治家，也是一位颇有知名度的书法家，他和王羲之的父亲王旷是从兄弟，即王导的父亲与王羲之的祖父是亲兄弟。王导的书法造诣很高，在当时的书坛上很有地位，时常教导王氏族人要精心研习书法，他最突出的书法成就要数行草，"行草见贵当世"，尤其偏爱钟繇的字，时常拿出来仿摹、练习。王导是王羲之的从伯，作为侄子的王羲之能获得如此大的成就，与王导的影响是分不开的。

东晋南渡时，王氏举家南迁的路上，王导将一张写有"帖在人在，帖亡人亡"誓言的法帖随身携带，书法在王氏家族心中的地位不言而喻，这张法帖即是书法家钟繇的《宣示表》，后来王导将《宣示表》传与王羲之。

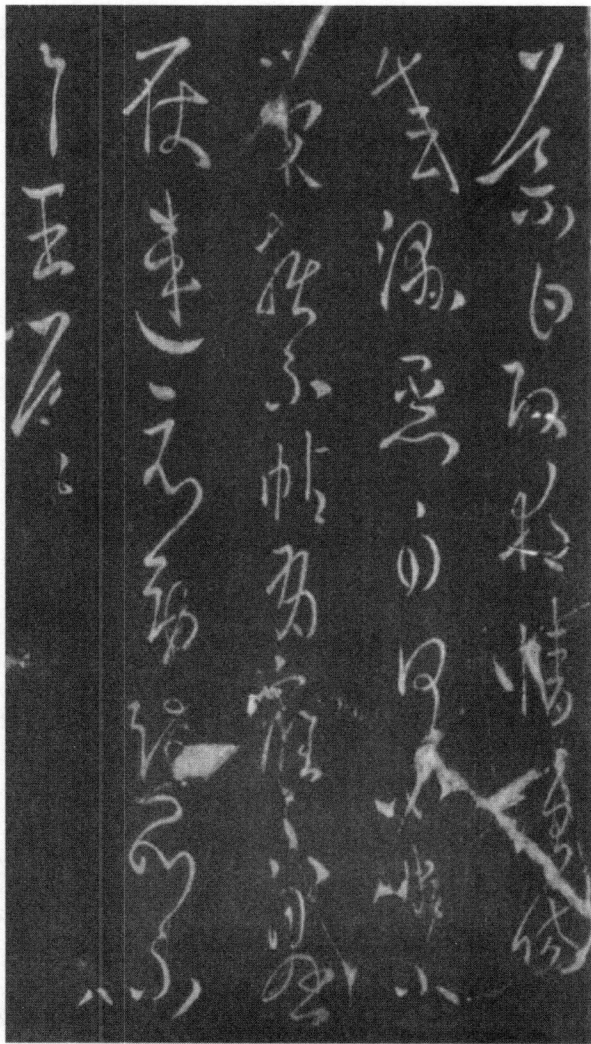

王导书法作品

王羲之五岁随家族过江，入住建邺（今南京）乌衣巷。不久父亲失踪。王羲之的父亲王旷，字世宏，西晋末年任丹阳太守，是晋室南渡的首倡者，王旷提出的南渡之计就是通过王导进谏给司马睿而实施的。王旷南渡后为相，后任扬州北境的淮南郡太守。出身于书法世家的王旷也是书法高手，王羲之曾跟他学习书法。王羲之年少时讷于言谈，性格沉静，酷爱书法，他发现父亲经常一人待在书房里，拿出一本书来阅读,神态极其虔诚和认真,然后磨墨写字,最后小心翼翼地将那本书放在枕中。王羲之趁父亲外出的机会,偷偷地溜进卧室,将那本书拿了出来。原来是东汉大书法家蔡邕写的《笔论》。王羲之喜出望外,如痴如醉地看了起来,并熟记于心,不断临习,在书法上大有长进。当父亲王旷查看儿子的书法时,断定儿子对于枕中《笔论》必已"窃而读之"。王旷认为王羲之年纪幼小,对于笔法未必解晓,准备等儿子长大以后,再将《笔论》传授。王羲之当即跪地请求:"今借而用之,待成人晚矣。"父亲见他意志决然,于是就答应了。王羲之如获至宝,"不盈期月,书便大进"。从王羲之窃读《笔论》可以看出,他小小年龄已经热爱书法,一心向学,有了自觉的学书意识。

永嘉三年(309),王旷在一次战争中兵败后下落不明,王羲之时年六岁。此后,年幼的他虽身在名门望族,却"不蒙过庭之训,母兄鞠育,得渐庶几"(《晋书·王羲之传》)。特殊的环境养成了他骨鲠孤傲的性格。父亲失踪后,王羲之随叔父王廙学习书法。王廙,字世将,是晋元帝的姨弟,《晋书·王廙传》称其:"工书画,善音乐、射御、博弈、杂技。"王廙文化修养很高,多才多艺,王羲之受其影响颇深。王羲之的族孙王僧虔的《论书》说到王廙时涉及王羲之的书法师承,他说:"王廙,右军叔,自过江东,右军之前,惟廙为最。画为明帝师,书为右军法。"南朝庾肩吾《书品》云:"王廙为右军之师。"王廙擅长草隶、飞白,堪称王氏家族中书体最全面的一位。王羲之的行、草深受其影响,王廙的言传身教和艺术上的熏陶使王羲之沉浸于书法的世界,暂时忘掉失去父亲的忧痛,王廙还将索靖的草书妙品《七月二十六日帖》赠送给王羲之,使他从中原书风中吸取营养。

王家与当时的书法世家卫氏家族交好。史载,王羲之父与卫家世为中表,有亲戚关系。后王廙到外地任职,将王羲之托付于卫氏家族的书法家卫夫人。

传为王羲之撰写的《题卫夫人〈笔阵图〉后》有这样的

记述："予少学卫夫人书，将谓大能。及渡江北游名山，见李斯、曹喜等书；又之许下，见钟繇、梁鹄书；又之洛下，见蔡邕《石经》三体书；又于从兄洽处，见张昶《华岳碑》。"此论虽未必为王羲之所作，但其中反映出王羲之学书的大致脉络。唐代张彦远《法书要录》卷一收录了一篇《传授笔法人名》这样写道：蔡邕受于神人而传之崔瑗及女文姬。文姬传之钟繇。钟繇传之卫夫人。卫夫人传之王羲之。王羲之传之王献之。

卫夫人（272－349）名铄，字茂漪。河东安邑（今山西夏县）人，汝阴太守李矩妻。卫夫人出身于书法世家，她的祖父、叔伯、兄长均为著名的书法家，并对书法理论有自己独到的见解。在这样的书法艺术环境中长大，耳濡目染成为一位书法大家，书法成就不让须眉，在当时已经名望四海。卫夫人的恩师是三国时期著名的书法家钟繇，楷书的创始人，以巨大的书法成就闻名后世。魏晋时因为楷书还处在发展阶段，与隶书较为相近，亟待发展壮大。卫夫人不断磨炼楷书技巧，并结合前人的经验自成一派，字体娟秀，字形由恩师钟繇的扁方体变为细长、清秀灵动，宛如风姿绰约的舞女翩翩起舞、跃然纸上，唐人称她的书法为"碎玉壶之冰，烂瑶台之月""插花舞女，低昂美容"；又如"美女登台，仙娥弄影""红莲映水，碧沼浮露"。少年王羲之拜师卫夫人名下，学习书法。

卫夫人教王羲之学习书法的方式很特别，不局限于室内的教学，而是在户外进行教学，将书法笔画的感悟练习融合于天地自然的运行奥妙中。在江南的灵山秀水中寻找创

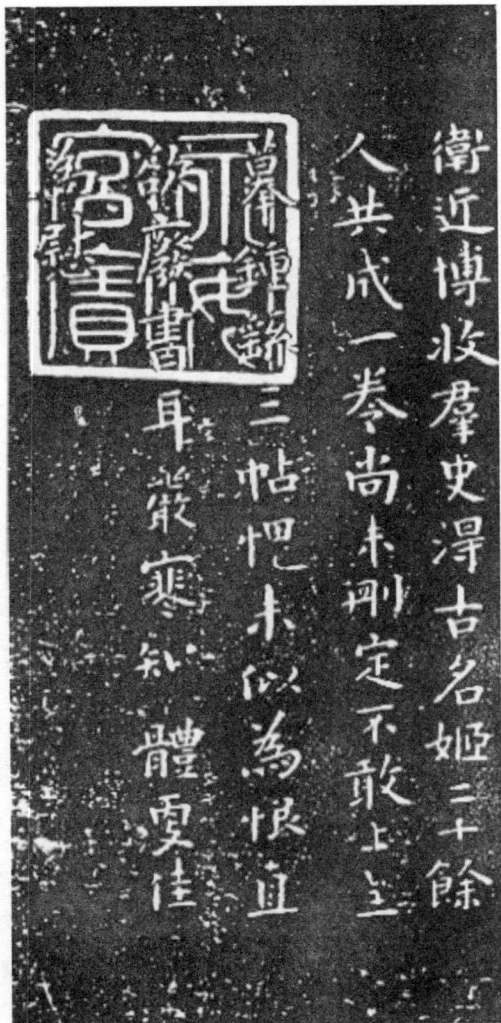

东晋卫夫人楷书作品

作的灵感。卫夫人给王羲之上的第一堂课是"高峰坠石"，让他通过观察高峰坠石来了解书法中"点"的力量，从自然的变化中向王羲之传授有温度、有力量、有激情的艺术作品。卫夫人给王羲之上的第二节课是"千里阵云"，她把王羲之带到田野，在广阔的平原上站立着，凝视地平线上缓缓排开的云层，告诉他这叫"千里阵云"。通过千里阵云，少年王羲之认识到汉字"一"的运笔技巧。云在排开阵势时是很缓慢的运动，好似书法中毛笔在宣纸上渐渐晕染渗透开来。这样王羲之在写水平线条时因为对云层的流动有了记忆，用笔时才会有开阔的胸襟，生发出与天地对话的向往。卫夫人给王羲之上的第三节书法课是"万岁枯藤"，"竖"的写法。卫夫人带王羲之到大山深处，让他观看枯老的粗藤，岁月沉淀却强韧有力，世间万物道理相通，枯老的藤条象征着书法中"竖"的线条，书法和生命息息相关，这告诉王羲之，写字要付出真情，要经得起岁月的磨砺。

王羲之潜心学习书法，卫夫人很喜欢他的勤奋努力，不但尽心教王羲之写字，还爱用前人练字的故事开导、鼓励王羲之。传说有一次，王羲之向卫夫人询问尽快能把字练好的方法，卫夫人看到王羲之着急的样子，便说："孩子，不要太急了，我先给你讲个墨池的故事吧！那是在东汉的时候，有一个名叫张芝的人，他为了练好字，天天在自家门前的池塘边，蘸着池水研墨练字，从太阳出来，一直练到太阳落山，字写完后，就在池塘里洗涮笔砚，日长月久，洗出的墨汁把整个池塘都染黑了。后来，他的字越练越好，写的草书笔势活泼流畅，富于变化，大家都敬称他为'草圣'。"从此以后，在卫夫人的具体辅导下，王羲之练字更加努力了。他也像张芝一样，每天练完字，就到自家门前的池塘里洗笔砚。时间一长，原来清澈如镜的池塘，也变成了墨池。

后来，王羲之每搬一处，都要在门前的水池里洗笔砚，据说他留下的墨池比张芝还要多。北宋文学家曾巩，十分钦佩王羲之的勤奋刻苦精神，特地写了一篇《墨池记》赞颂王羲之。

卫夫人教王羲之书法,还教他知道天外有天,人外有人,不可骄傲懒散。因此,王羲之随后又学习了张芝的草书,钟繇的楷书,但他还觉得不够,博览群书,向更多的书法家学习。到十二岁的时候,已经学得了卫夫人书法艺术的精髓。王羲之在书法上的勤奋与天分使其作品越来越好,卫夫人说:"此子(将来)的名字必将取代我!"卫夫人对王羲之的学习态度和成绩有高度评价,她在一封信中说:"弟子王逸少甚能学卫真书(即今楷),咄咄逼人,笔势洞精,字体遒媚。"

钟繇、张芝不仅是卫夫人、王廙的楷模,也是王羲之追慕的对象。钟、张的书艺在当时公认为最高水平,王羲之在研习书艺上不仅仅停留在顶礼膜拜上,而是想超越他们,建构新的书法高峰。经过一个阶段的努力,他不仅自己认为,而且事实上也大致如此:有些方面他超过了他们,有些方面与他们不相上下。庾肩吾认为就功夫而言,王羲之不及张芝,但其天然之姿胜过张芝。

王羲之生活的时代,是为艺术而艺术的时代,社会历史条件和文字本身发展的规律,也为"书圣"的出现提供了可能。如果脱离了特定时代,则不可能产生王羲之这样伟大的书法家。但造就一位大书法家,光有大环境还是不能奏效的,还需要有师徒相授的小环境。古代练习书法是出于实用和教化的需要,其中很多人是为了达到参与政治、进入仕途的目的,而作为艺术审美则是次要的,尽管在古代学校教育中书法教育占有重要的地位,然而它并不是以培养书法家为目的的。书法的研习培养,一般平民百姓难以做到,真正的书法艺术教育培养一般都是个别教授、辅导。这就是师徒相授。

早在东汉时期,识字、书写练习和书法艺术人才的培养就已分野,三国两晋时期更加明显,而且十分重视师承门户和流派。学习书法必须有很好的小环境,对于学习研究书法,王羲之周围的学书环境当时是时人很难相比的。王羲之出生在贵族大家,书香门第。他首先不必为生计劳碌,但生于这种家庭的人容易饱食终日,不学无术,或者成为骄横跋扈的纨绔子弟。然而王羲之充分利用家庭的优越条件,刻苦学习,研习书法,正如他自己所说:"务斯道,废寝忘餐。"在王羲之的家人中不少是书法家,父亲王旷善隶书、行书;从伯王导工行、草;族伯王敦,《宣和书谱·草书二》中称其喜颠草"初以工书得家传之学,其笔势雄健";岳父郗鉴有《灾祸帖》存世,有人评论其字丰茂宏丽,刚决不滞。王羲之自小生活在这样的书法世家,耳濡目染,受到艺术的熏陶,加之叔父王廙、表姑卫夫人等名师的因材施教,这也是王羲之书法艺术水平不断提高的重要原因之一。同学、同辈之间的相互观摩切磋,往往使人进步很大。卫夫人的儿子李充,以及王羲之的其他同辈,他们有很多时间在一起练习书法,在学业上、艺术上相互启发与促进,自然进步很快。

王羲之从弟王洽在书法上颇有成就。王羲之曾与他"变章草为今草,韵媚婉转,大行于世"。王羲之还与庾亮、庾翼、谢尚、谢安、谢万等交往甚密。他们均出身于书法世家,收藏丰富。郗鉴之子郗愔、女郗璇书法水平都很高,王羲之娶郗璇为妻时,他的书法并不在他们之上。南朝虞龢《论书表》说:"羲之书,在始未有奇殊,不胜庾翼、郗愔,迨其末年,乃造其极。"王羲之处于书法艺术氛围很浓的环境中,高手如林,你追我赶的竞争态势,自然有利于他书法水平的提高。

王羲之不仅在书法上成就突出,在绘画上也造诣颇高。中国书法与中国绘画有着密切的关系,它们运用的工具材料相同,理念相通,两者的产生与发展相辅相成。在中国绘画史上,先秦诸子的所谓"河图洛书",往往作为书画同源的先河与依据。从书法史上,我们可以得知许多画家同时也是书法家,画家必备的造型能力,为其成为书法家创造了有利条件。王羲之凭借他洒脱妍丽、雄健有力的书法风格,使他的作品格调大大高于一般画家，故能在绘画方面也成绩斐然。

绘画于书法的借鉴尤为重要，一幅意境隽永、高雅清新的中国画往往会因粗陋的题字而大煞风景。

王羲之在绘画上下了一番苦功，绘画训练达十五六年，特别擅长画鹅。作品有人物鸟兽，具体作品有《对镜写真》，这可谓是最早的自画像了，可惜这些画作仅见于记载，今人无法一饱眼福了。画人最难，没有一定的造型写实功底是不敢染指的。书法绘画同属于造型艺术，它们有共同之点。正因为王羲之有扎实的造型能力，年纪不大就熟悉了传统的篆、隶、楷、行、草各种书体，在此基础上进行再创造。王羲之在绘画初期受益于叔父王廙的辅导，王廙是西晋末东晋初的著名书画家。唐代张彦远说："晋室过江，王廙书画为第一。"王廙在自己的绘画作品《孔子十弟子图》上题款赞扬王羲之："余兄子羲之幼而歧嶷，必将隆余堂构。今始年十六，学艺之外，书画过目便能，就余请书画法，余画孔子十弟子以励之，嗟尔羲之，可不勖哉。"在跋语中，王廙夸王羲之聪慧英俊，必能发扬光大家族门风，告诉王羲之学书画不只学习书画本身，还可以从中认识和理解做人做事的更高道理。这说明王氏家族对书法的认识已经上升到了一个高度，做人和写书合一，在学书中体悟人间万物的道理，这在今天仍然是学艺的一种超迈境界。

同时，王廙教导王羲之说："画乃吾自画，书乃吾自书，吾余事虽不足法，而书画固可法，欲汝学书，则知积学可以致远，学画可以知师弟子行己之道。"王羲之遵循叔父的教导，在传统书画的基础上吸取别人的长处，不断地进行创造。

东晋承续魏、西晋风俗，笔法传授多为家族内部秘传，但王羲之却得到了王廙、卫夫人等多位著名书法家的指导及家传，取得的进步是他人无法比拟的。在士人所注重的书法方面，王羲之卓尔不群。十五六岁时，就深为操持东晋

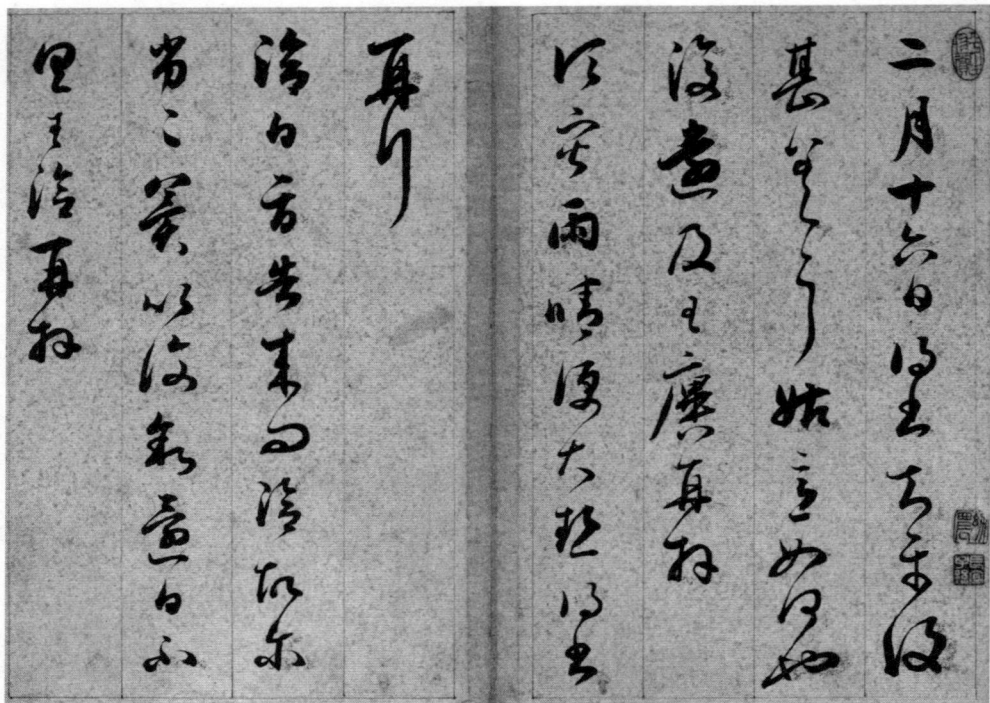

东晋王廙《二月十六日帖》(铁保临)

朝廷权柄的伯父王敦、王导所器重。当时阮裕有重名,为王敦主簿。王敦谓羲之曰:"汝是吾家子弟,当不减阮主簿。"阮裕对王羲之更是推崇备至,他将王羲之、王承、王悦并列为"三少"。

凭借家族的耳濡目染,王羲之转益多师,讲究书外之理,浸淫在书法世界中,在好以书法品评人物高下的时代,青年王羲之以超群拔俗的书法已崭露头角。传说王羲之将祭祀用的祝文写在木板上,晋成帝时决定更改原有祝文,故请工人将木板刨去三分厚度,不料王羲之的字迹仍然可见。王羲之笔力的雄健令木工十分惊讶,这就是后来传说的"入木三分"典故的由来。《晋书·王羲之传》记述:"尝诣门生家,见棐几滑净,因书之,真草相半。后为其父误刮去之,门生惊懊者累日。"从这些故事可知,王羲之的书法无论在当时还是后来,都已经产生了非凡的影响力。

二、身不由己　走向仕途

在王羲之刚刚二十岁的时候，王氏家族的境遇因其伯父王敦举兵反晋而遭遇了一次重大的变故。王羲之当时已经成年，亲身经历了这场惊心动魄的风波。七个月之内迅猛的变故，给涉世不深的他带来了恐惧、压抑。这次几近阶下囚的危厄，成了王羲之出仕思想的根柢。士族的分裂，特别是赏识自己的周颤被王敦所杀，对他刺激很大。他深深感到当时官场的黑暗和无情，战争的残酷，道义与亲情的冲突，失去亲人的悲痛，政治舞台风云的突变，时局动荡，前景令人难测，王羲之后来推辞护军官职，表示"吾素自无廊庙志"，就是经历了这一年的种种变故之后形成的。

王羲之二十三岁时开始担任秘书郎，其主要任务是整理和校阅宫中文库中的图书。作为高门子弟，出仕是身不由己的必然之途。不过这份管理宫中藏书的工作，让王羲之得以浏览历代书法真品，更好地学习书法艺术和储备知识。

王敦之乱后，琅琊王氏专掌重兵的局面被改变。朝廷政事主要由庾亮执掌，王导在朝中受到排挤。出身儒学世家的高平郗鉴入朝为尚书令。郗鉴虽然因为支持晋明帝平定王敦之乱而在朝中的地位有不小的提高，但仍无法与王氏相提并论，出于某种政治上的考虑，郗鉴想与王氏结为姻亲。他派人给王导送信告诉自己的想法，王导也想结缘郗鉴，便痛快地答应了，郗鉴最后为女儿郗璇选中了在东床袒腹的王羲之。

郗家之所以选中王羲之，一方面是因为当时崇尚旷达的士风，王羲之的洒脱不拘符合郗鉴的欣赏标准，另一方面是考虑到当时琅琊王氏、颍川庾氏相互对立，争夺朝廷和地方藩镇的主导权，郗家则周旋于两家之间，三角关系极为微妙，而王羲之不慕权力、坚持自我的个性，说明他不以家族大事为念，这种性格却正是郗鉴希望的。后来王羲之进入庾亮征西将军幕府,而庾氏是当时唯一能够和琅琊王氏分庭抗礼的士族,但王羲之在庾亮幕府一年后又升任长史,可见得到庾亮的高度信任。也正是王羲之这种与权力若即若离的关系,既可以成为联系王氏家族与庾氏、郗氏的感情纽带,又不会积极为王氏谋求利益,是两方都能接受的人选,成为平衡三家努力的砝码。

郗家也是当时著名的书法世家,唐张怀瓘论其书云:"草书卓绝,故而且劲。"北宋时《淳化阁帖》收有郗鉴的行楷书《孝性帖》,得钟繇沾溉明显,但结字用笔已见秀妍,可知王羲之之前晋人书法演化的讯息。郗鉴子均有书名,尤以郗愔、郗昙名声为著。婚后郗璇作为一个贤妻良母,她对王羲之成为中国历史上伟大书法家起了极其重要的作用。两个书法世家之间的交流,可以说进一步促进了王羲之书法水平的提高。郗璇一生生了八个子女:玄之、凝之、涣之、肃之、徽之、操之、献之以及女儿王孟姜。王羲之寿命不长,妻子郗璇却享有九十多的高龄。

结婚后几年,王羲之便前往江州境内的临川郡担任太守。咸和九年(334),王羲之应西征将军庾亮召请,赴武昌任参军、长史。咸康六年(340)正月,庾亮在武昌去世,王羲之在武昌的羁旅生活也随之结束。庾亮在临终前上疏朝廷,据《晋书·王羲之传》记载:"亮临薨,上疏称羲之清贵有鉴裁。迁宁远将军、江州刺史。"可见庾亮对王羲之的器重。但王羲之担任江州刺史时间很短,一年后便卸任,因母丁忧在江州赋闲七年。

王羲之闲居江州七年,在这期间他潜心于书法艺术,故名声大震。一时间人们争相仿效,就连庾翼的儿辈也不例外。庾翼在荆州得知后勃然大怒,在致部下的书中说:"小儿辈贱家鸡,爱野雉,皆学逸少书。"庾翼是庾亮的弟弟,自幼学习张芝草书,崇拜其书体,西晋书法家学卫瓘、索靖,因推崇正统的张芝书体而名重一时,庾翼的章草正合时尚,所以颇受欢迎。庾翼称王羲之的行草是粗野鄙俗的"野雉",

唯有章草才是正统的"家鸡"。王羲之的草书也是学张芝的，他的章草写得很精彩，《晋书·王羲之传》云："尝以章草答庾亮，而（庾）翼深叹伏，因与羲之书云：'吾昔有伯英章草十纸，过江颠狈，遂乃亡失，常叹妙迹永绝，忽见足下答家兄书，焕若神明，顿还旧观。'"庾翼将王羲之的章草与前代书法家张芝相比，说明当时他的书法艺术已经得到了上层门阀氏族的肯定和赞赏。

王羲之少有美誉，朝廷公卿皆爱其才器，朝廷拟委以侍中或吏部尚书职务，王羲之"皆推辞不就"。复授护军将军，又推迁不拜。此时东晋王朝司马昱为宰辅，此时王导、庾亮已薨，正在崛起的势力是桓温为代表的桓氏家族。以司马昱为代表的宗室，有意拔擢其他士族人士，尤其重用陈郡殷浩，以其为建武将军、扬州刺史。殷浩和王羲之交好，《世说新语》载，殷浩称赞王羲之"逸少清贵人，吾于之甚至，一时无左右"，评价很高，他邀请王羲之任护军将军一职，原本王羲之并不愿意卷入朝廷的政治旋涡，之前曾多次拒绝朝廷的征召，但因为与殷浩的情谊，于永和四年（348）任护军将军。

护军将军权力很大，是中央禁军的主力，不但有一支保护皇帝和京师的军队，而且其下有属官，若受命出征，还可以设参军。王羲之恪尽职守，关心士卒的疾苦，他任护军将军时发了题为《临护军教》的第一道命令："今所在要在于公役均平。其差太史忠谨在公者，覆行诸营，家至人告，畅吾乃心，其有老落笃癃，不堪从役，或有饥寒之色，不能自存者，区分处别。自当专详其宜。"其大意是：现在的军营里要公役均平，我委派忠于职守、谨慎公平的太史到各营，对于所遇到的困难，可以畅所欲言，如军营中有老弱多病，不能温饱，或无法养家的，都要按照不同情况予以安置。护军之职流动性很大，有时去江州，有时去到吴国（苏、浙），经常疲于奔命。为了远离都城政治旋涡，永和六年（350）王羲之"苦求于宣城郡"，朝廷没有答应他的要求。

永和七年（351）王羲之出任会稽内史、右军将军。当时西藩桓温势力对中央构成很大威胁,会稽是宰辅司马昱的封国,属中央的势力范围,会稽是三吴腹地,水陆交通发达,物产丰富,许多豪门士族居住在这里,它对于重镇扬州和都城建康无论在政治、军事和经济上来说都非常重要,在平息苏峻叛乱之后,曾有人要求迁都于此。王羲之是东晋第一大族杰出人才,在王述守丧造成职务空缺时,他是最合适的补缺人选。

会稽山水

王羲之对治理国家有自己的见解,提出过不少改革弊政的措施,是一位热爱人民,同情百姓,政绩显著的父母官。为官期间他经常深入底层贫苦百姓中,体察民情。有一次在蕺山看到一个老妇卖六角扇,这种扇子是用竹篾编成的,为了制作和使用的方便呈六边形,现在绍兴一带山村里仍有用这种扇子扇风纳凉。由于当地百姓普遍贫穷,虽然这种扇子非常便宜但无人问津,老妇忧心忡忡满面愁容,王羲之看到这种情景,心中很不是滋味,于是他找来笔墨在老妇出售的所有六角扇上都写上五个大字。王羲之当时已是大名鼎鼎的书法家了,虽不能说是一字千金,但想求他的字也是不容易的,老妇人由于孤陋寡闻,有眼不识泰山,她被这位官人突如其来的举动惊得目瞪口呆。王羲之便向她说:

"言是王右军书,以求百钱邪。"老妇半信半疑照此办理,果然人们争相购买,六角扇销售一空。

浙江省绍兴市区城东北王羲之题扇桥

在会稽任上,殷浩和桓温两股势力争夺北伐领导权的斗争日益激烈,殷浩的好友纷纷劝解他应该停手了,王羲之也多次写信给殷浩,劝其不要北伐,他深知殷浩善于辩论,不善用兵,但殷浩在司马昱的支持下,执意北伐,对一切劝告置之不理,结果北伐失败。在对北伐的态度上,说明王羲之"清贵有鉴裁"的评价不虚,他务实的作风还体现在会稽任上的政绩中,如在军内颁令禁酒,节约粮食,让人民得以休养生息;改革漕运以减轻郡内地方的负担,《晋书》评其"除其烦苛,省其服役",所做都是关系民生的实事,称得上有为务实的清官。

三、告誓辞官　隐居金庭

永和十一年(355)春,也就是在兰亭聚会后的第三年,王羲之放弃了二十多年的"官龄",彻底告别了官宦生涯,拖儿带女来到剡县(嵊县)金庭,过起了隐居生活。那么,王羲之为何突然决定辞官归隐? 内外因使然。长期以来因为王羲之笃信道教,到了晚年更是痴迷,所以隐遁山林是理所当然的。王羲之不堪"政敌"王述的百般刁难,也是辞职的另一原因。

王羲之辞官归隐还有一个重要政治原因是他的朝廷"靠山"殷浩的不幸倒台。王羲之个性孤傲,他不愿意做皇帝身边的侍中,也不愿意担任吏部尚书。殷浩很赏识王羲之的才华和能力,曾经好言相劝:"悠悠者以足下出处足观政之隆替,至如足下出处,正与隆替对,岂可以一世之存亡,必从足下从容之适?"殷浩把王羲之出任新职与东晋政治联系起来,他对王羲之的信任程度可以想见。后来王羲之做了殷浩的护军,说明他们的感情很深。当时内外形势严峻,又少有开明的良相大将,后来安西将军、荆州刺史桓温攻下了成都,一举攻克了成汉国,其势力迅速壮大起来。荆州、扬州是当时的两大重镇,荆州位居长江上游,对长江下游的扬州、建康威胁很大,皇帝惶惶不可终日,故将殷浩拉作自己的亲信,并委以重任,让他掌握扬、豫、徐、兖、青五州的军事大权,以防桓温不测。在这种情况下,殷、桓两相对立,矛盾日渐尖锐,桓温原来与王羲之没有什么利害冲突,由于上述矛盾,桓温视王为殷浩的亲信、党羽,这对王羲之是非常不利的。

桓温军事力量的强大对殷浩触动很大,殷浩求功心切,刚愎自用,不顾主客观条件先后北伐,每次北伐,王羲之都苦口婆心地劝告他不要轻举妄动,否则将会以失败告终。可是殷浩根本不加理会,特别是最后一次北伐,在洛阳被羌族人打得大败,死伤了一万多人马,连粮草武器也丢光了,损失惨重,大败而归。此时桓温乘机弹劾殷浩,说他连年北伐,粮械费尽,朝野胥怨,不宜再执掌军权。晋穆帝和当朝宰辅司马昱虽然心中偏向殷浩,但由于桓温大权在握,拥有强兵,且坐镇江淮,又有平定川蜀之功,没有办法,只好解除殷浩一切职务,废为庶人,告老还乡,后来被流放到东阳信安县(今浙江衢州)。成为庶人的殷浩整天在家书写"咄咄怪事"四字,后来在愤懑中死去。不久,朝廷由守丧期满的原会稽内史(即王羲之前任)王述接替殷浩担任扬州刺史。这直接影响了王羲之后半生的政治前途甚至人生轨迹。

王羲之之所以辞官,一个直接、公认的原因是与王述的矛盾。那么,王述何许人也,他与王羲之之间究竟有着怎样的恩怨呢?关于王述,《晋中兴书》曰:"述清贵简政,少所推屈,惟以性急为累。"据史书记载,王述原与王羲之同年同宗,又同为东周太子晋裔孙,前者出生在太原王氏大族,后者出生于琅琊王氏望族,两人门第相当。据《世说新语》和《晋书·王羲之传》记载,王羲之向来都瞧不起王述,并且多次公开侮辱他。王述在任会稽内史时母亲亡故,按照古制,又因孝心,去职守孝,暂时留在了山阴县办理丧事。当时,王羲之被朝廷重臣举荐,朝廷任命王羲之接替王述之职出任会稽内史。在多个场合王羲之都提到自己要前去吊唁,可是一连几天都没有前往。后来,他终于登门吊唁,可等到王述号啕大哭起来,王羲之却又不上灵堂转身就走了。王述是孝子,丧母本来就已经非常伤心,而王羲之桀骜不羁,触犯家讳,王述认为这是对他莫大的侮辱。于是,王述便怀恨在心,两人从此有了心结。不仅如此,王羲之接任会稽内史后,按照常理,王述认为王羲之会去拜见他。也因此,每当听到郡守离开官署的号角时,他就命人洒扫厅堂,等待王羲之登门拜访,然而却屡屡失望。有一次在路上,王羲之偶遇王述,碍于情面,实在推脱不过,答应必会前往拜见,并且商定好了日期。王述欣喜,命仆人准备好了一切,然而王羲之路过其门前却扬长而去,故两人的罅隙愈来愈深。王述看在眼里,恨在心里,暗自发誓要伺机报复王羲之。

当时会稽郡(国)是属扬州管辖,扬州刺史是会稽内史的顶头上司,他有权监督、检查和考核内史的履职情况。为了免受王述的节制,王羲之在刚得知王述出任扬州刺史的音讯时,就派遣一名参军到京城陈述:会稽以南几个郡距离扬州治所较远,征调、述职都有所不便,建议把会稽从扬州分出并升格为州。但此时与王羲之私交甚笃的殷浩已削职为民,桓温虽不在京城,却足以影响朝政,况且桓温早已把王羲之看作殷浩同党。为此,王羲之的建议不仅没有得到朝廷的采纳,反而被当朝权贵所讥讽,甚至成为当时人们的谈资笑柄。这件事,着实让自命清高的王羲之丢尽了脸面。

在王羲之为临川太守时,王述只是一个县令(宛陵令),可是,世事变迁,王述后来被任命为扬州刺史,扬州不但是个大郡,而且是京城所在地,此地的刺史非同一般,其官位大大高于王羲之。王羲之曾要求朝廷将会稽改为越州,与扬州并列而不在王述的权威之下,结果不但未达到目的反而给他人以笑柄。王述受诏担任扬州刺史后,在会稽郡内大拜宾客,连等闲官宦人家都去了,唯独没有到郡署去拜会王羲之,而是从郡署门前一别而去。会稽属王述管辖,王述来检查会稽刑政,对会稽郡百般刁难,竭尽苛求,前几年大旱引发的饥荒刚过,近来收成略见好转,扬州刺史征调粮草的公文就下达了,而且会稽郡较其他郡明显多好几倍。不仅如此,王述每次巡察会稽郡,监察会稽刑政事务,必然提出许多无理的问题,且在外面制造谣言,说王羲之出守会稽,是为了以后在此处养老,不善治郡,徒以工书成名,甚至连开仓放粮、救民于水火之中的善行也被宣传得变了味。当时,王述还私下派人传话,叫王羲之自己找个合适的办法来了断恩怨。对于这些,王羲之碍于种种,隐忍不发,但内心引为奇耻大辱。

王羲之政治上不得志,现在又屈于王述的管辖之下,引起许多人的耻笑,其心境可想而知。随着与王述矛盾的加深,王羲之意识到如果继续留在其位,将无法过上真率、自由、适意的生活。而且王羲之本来对仕途就不感兴趣,会稽郡拖欠朝廷征纳的赋税无法上交,自己又不愿为难百姓,愈加充满了深深的无奈和失意。渐渐地，王羲之厌恶仕途官场的思想越来越重。

王羲之一向钟爱会稽的自然风情，痴迷山林田野神仙般的潇洒生活。加之长期信奉道教，经常接触的亲朋好友不少是信道入迷的名士，和他们一起浪迹山水，风流自赏，脱离官场的明争暗斗，这些均使他下决心辞官退隐。内外使然，经过权衡利弊，他毅然决定辞职，绝禄退隐。《晋书·王羲之传》记载，永和十一年（355）三月九日，王羲之在父母墓前摆下筵席，举行告誓先灵的仪式，伤神黯然。他说：

> 小子羲之敢告二尊之灵。羲之不天，凤遭闵凶，不蒙过庭之训。母兄鞠育，得渐庶几。遂因人乏，蒙国宠荣。进无忠孝之节，退违推贤之义。每仰咏老氏、周任之诫，常恐死亡无日，忧及宗祀。岂在微身而已。是用寤寐永叹，若坠深谷，止足之分，定之于今。谨以今月吉辰，肆筵设席，稽颡归诚，告誓先灵。自今之后，敢渝此心，贪冒苟进，是有无尊之心而不子也。子而不子，天地所不覆载，名教所不得容，信誓之诚，有如皎日！

面对父母先灵，想到从秘书郎起家入仕以来的坎坷不平，王羲之感慨不已！在自谦自责的背后表达了对世态的无可奈何和难过忧伤的情愫。后来王羲之把上述的一番话书写下来，这就是后世流传的《告誓文》。这可以看作是王羲之回首一生，反思总结的泣血之作。除了一以贯之地讲了自己"素自无廊庙志"之外，更进一步反省了个人性格于官场的不合，从而发出告誓，以保证永不反悔。值得注意的是，他在这里将仕途贬斥为"贪冒苟进"，已然与仕途格格不入了。

王羲之辞去官职，终于卸下背负了几十年的十字架，不少朝中好友为王羲之惋惜，劝他重新出山，"六日，昨书信未得去，时寻复逼，或谓不可以不恭命，遂不获已，处世之道尽矣。何所复言。"①谢万更是一力劝说。羲之回信:"前得君书,即有反,想至也。谓君前书是戏言耳,亦或谓君当是举不失亲,在安石耳。省君今示,颇知如何? 老仆之怀,谓君体之,方复致斯言,愧诚心之不着,若仆世怀不尽,前者自当端坐观时,直方其道,或将为世大明耶? 政有救其弊笋之熟悉,不因放恕之会,得期于奉身而退,良有已! 良有已! 此共得之心,不待多言。又余年几何,而逝者相寻,此最所怀之重者。顷劳药石之资,如有万一,方欲思尽颐养,过此以往,未之敢闻,言尽于今也。"②王羲之毫不动心,"朝廷以其誓苦,亦不复征之"。王羲之辞官辞得如此完全彻底,在东晋名士中极为罕见。

在东晋王朝,王羲之是先仕后隐的代表,早年也身居要职,不过个性使然,喜欢悠闲自得的生活:"羲之雅好服食养性,不乐在京师;初渡浙江,便有终焉之志。"于是归隐剡县,醉心书法,服食采药,畅游山水,洒脱自在。在东晋这个门阀士族的社会,王羲之有琅琊王氏的强势背景,既能在政治上得到庇护,又没有经济上的后顾之忧,或仕或隐相对来说都比较自由。

此时的王羲之沉浸于一生都在向往的自由自在的日子,发出死而无憾之叹。他对回归自然的热爱,对当一位"处士"的坚守,连终生隐逸的高人也自叹弗如了。他游遍了东土诸郡山山水水,在幽美的大自然中,得到精神上的满足和美的享受,再也不愿意重返官场参与政治角逐了。

起初王羲之虽然不再参与朝政,但对"家事国事天下事"依然牵挂在心。升平二年(358),王羲之虽然离职退隐,然而他仍关心时局,不改骨鲠秉性,对于危及国家的大事,直率地捧出自己的肺腑之言。会稽王司马昱委任谢万为西中郎将、豫州刺史、都督司,豫、冀、并等诸州军事,王羲之认

---

① 〔晋〕王羲之:《传世藏书·全晋文》,海南国际新闻出版中心,1996 年。
② 〔晋〕王羲之:《传世藏书·全晋文》,海南国际新闻出版中心,1996 年。

为谢万缺乏军事才能，不堪担负如此重任。《与桓温笺》云："谢万才流经通，处廊庙，参讽议，故是后来一器。而今屈其迈往之气，以俯顺荒余，近是违才易务矣。"桓温没有反应，王羲之犹为骨鲠于喉，恐谢万自满躁进，便直接致函谢万，他知道免其军事职务已不可能，故劝其与士卒同甘共苦，竭尽其善。说这样做并非不光彩，相反，古人认为是一种值得称道的美德。《诫谢万书》云："以君迈往不屑之韵，而俯同群辟，诚难为意也。然所谓通识，正自当随事行藏，乃为远耳。愿君每与士之下者同，则尽善矣。食不二味，居不重席，此复何有，而古人以为美谈。济否所由，实在积小以致高大，君其存之。"谢万没有听取上述的劝告，北征时依然特才傲物，以啸咏自高，激起军士愤恨。他于寿春惨败，被废为庶人。后来谢曾致书王羲之云："惭负宿顾。"王羲之推书曰："此禹、汤之戒。"以文人的弱点去担不胜任的重责，本来就只能是这样的结果。王羲之还是着眼于未来："虽复自咎，其何济焉？"当然这也是无可奈何的，但谢万还是想不开，王羲之只好厉言苦讽，冀其明晓："治风教可弘，今忠著于上，义行于下，虽古之逸士，亦将眷然，况下此者？观顷举厝，君子之道尽矣。今得护军还君，屈以申时，玄平顷命朝有君子，晓然复谓有容足地，尝如前者，虽患九天不可阶，九地无所逃，何论于世路？万石，仆虽不敏，不能期之以道义，岂苟且！岂苟且！若复以此进退，直是利动之徒耳，所不忍为！所不以为！"意为我们这种文人君子本应该多干自己的文化事，乱世中的强人枭雄岂我辈所能为？出入仕两可，归隐后生活在文事中，保持人格的独立与美好，安身立

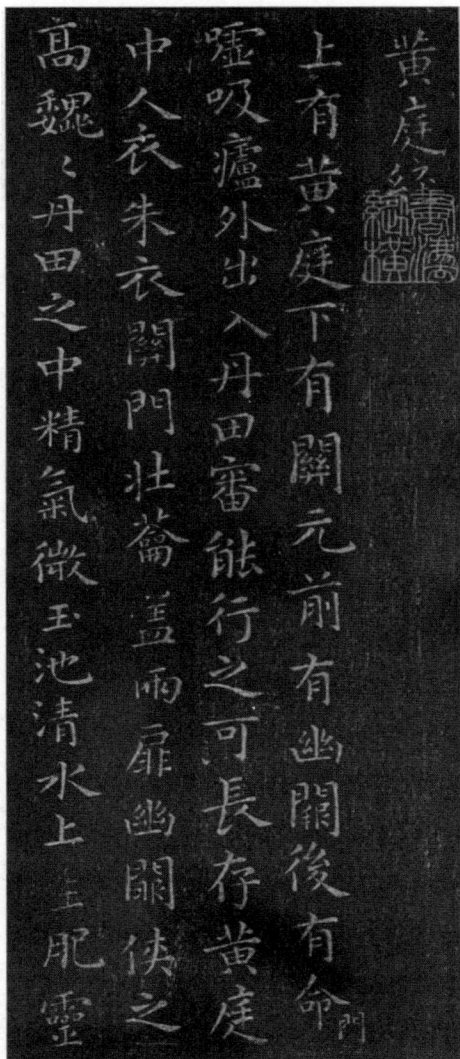

王羲之《黄庭经帖》（局部）

命足矣,有什么想不通的? 这一番劝解说明王羲之当时内心已经完全不在意权力的得失,并以保持独立人格为生活追求。

王羲之去官以后,隐居养真,他游遍了东土诸郡山山水水,感叹道:"我卒当以乐死!"王羲之早就爱慕蜀中的山水之奇,与谢安书云:"蜀中山水,如峨眉山,夏含霜雹,碑版之所闻,昆仑之伯仲也。"在幽美的大自然里,王羲之沉潜玩味其中,得到精神上的满足和美的享受。此时他只愿意遵从自己的内心,去追求自己的喜好,再也不愿意重返官场参与政治角逐了。相传王羲之天性爱鹅,会稽有一位孤居的老婆婆养了一只善于鸣叫的白鹅,很逗人喜爱,他派人去买,不料老人不肯出售。无奈,王羲之只好经常去看这只鹅,使老人百思不解。后来王羲之又派人前去说服老婆婆割爱,老人还是不答应。那人只好如实告诉老人说,那是王羲之所要。当时王羲之是妇幼皆知,享有美誉的大书法家了,老人喜出望外,又听说王羲之要亲自拜访她,更是高兴。第二天,王羲之带了不少礼品去登门求鹅,不料老人为了招待这位大人把鹅宰了,当王羲之不见白鹅,并得知鹅已被宰了,心里很不是滋味,伤心地离开了农舍。以致回家后郁郁不乐。

关于王羲之爱鹅,还流传有他用《黄庭经帖》换鹅的典故。据说,山阴有一位道士,养了许多白鹅,王羲之看见了非常喜爱,向道士购买。道士云:"为写《道德经》(应为《黄庭经》),当举相赠耳。"要王羲之抄写经文作为交换条件。王羲之爱鹅成癖,又是道教的忠实信徒,故欣然同意。他怀着虔诚之心,花了半天的时间,工工整整地抄完了经文,十分高兴地"笼鹅而归"。唐代大诗人李白根据这一传说,先后写了两首诗。一首题为《王右军》的诗:"右军本清真,潇洒在风尘。山阴遇羽客,爱此好鹅宾。扫素写《道经》,笔精妙入神。书罢笼鹅去,何曾别主人?"后来又写了一首《送贺宾客归越》的诗:"镜湖流水漾清波,狂客归舟逸兴多。山阴

道士如相见,应写《黄庭》换白鹅。"《黄庭经帖》是王羲之楷
书的代表作,如今每当我们欣赏这幅名作时,尤感其气韵高
逸,笔致婉丽,李白"笔妙精入神"的评论并非溢美之词。

　　王羲之晚年隐居于浙江剡县(今嵊县)金庭,这是在他
任会稽内史时,遣人行视选定的。这当然不是随意确定的,
因为剡县多名山,被称为福地。王羲之迷恋山水,信仰道
教,金庭对他具有很大的吸引力。金庭白云洞,传说是王羲
之始祖王子晋吹笙处。出于对祖先的崇敬,这也是王羲之
择金庭而居的原因之一。

浙江剡县(今嵊县)金庭观（王羲之故宅）

　　根据史料记载,王羲之的道教信仰有着深厚的家庭背
景。从上到下,无论是王羲之的祖上,还是其子孙、亲戚朋
友,都是虔诚的道教信仰者。当时,会稽山水俱佳,是名士
们的聚集地。平时,王羲之最爱与这些清谈名士和佛家名
僧交游,而他本人则奉事道教,他们彼此引为同道,向往隐
遁山林的生活。游山玩水、携子抱孙、访道服丹药、读书写
字,构成王羲之晚年的生活画卷。由于王羲之的为人、政声

和盛名,朝廷上谢万等好友和有识之士,不断地写信给他,希望他重返廊庙为国出力。对于他们的好意,王羲之都谢绝了。可见,王羲之晚年入剡隐居,归真修道,正是他孜孜以求的夙愿。

王羲之很晚进入仕途,后来又早早地辞官归隐,看似坏事,但正如老子所说:"祸兮福之所倚,福兮祸之所伏。"他便是因祸得福,有更多的时间放浪山水,倾心钻研书法。元代郝经对王羲之做过这样的评论:"自放山水间,与物无竞,江左高人胜士鲜能及之,故其书法韵胜道媚,出奇入神,不失其正,高风逸迹,邈不可及,为古今第一。"明代解缙书评:"大王如子之燕居,申申夭夭。"王羲之闲居后如孔子燕居"申申如也,夭夭如也"。王羲之辞官后神怡心旷,从容不迫,纵情山水,刻苦学习,效法张芝池水尽墨。他热爱大自然,从大自然中汲取营养,外师造化,中得心源,锐意创新,终于使他的书法艺术达到炉火纯青的地步。如果没有充裕的时间做保证,是绝对不可能的事。

外因是变化的条件,内因是变化的根据,外因必须通过内因起作用。回顾王羲之学习书法的一生,少时天资聪颖,自小酷爱书法艺术,四五岁未曾读书前就能写一手好字,随着年龄的增长他更加痴迷书法,他的进步使他的老师都感到惊奇和激动。"少有美誉,朝廷公卿皆爱其才器",十九岁时就很受当时周顗、王导、王敦等名人高官的器重,他三十岁时社会上就出现了"王书热",足见他书法才智过人。历史上常有这样的天才人物,青少年时代脱颖而出,才华横溢,以后便沾沾自喜、懈怠满足起来,故而昙花一现,以后便无声无息了。但王羲之一生对艺术执着追求,孜孜不倦,精益求精,不断地创新改体,立志超越前人、超越同辈、超越自我。经过几十年奋斗与努力,他的书法艺术终于在东晋一枝独秀,在书法史上独领风骚。

王羲之辞官后过着一般平民百姓的生活,享受人间的天伦之乐,没有烦琐的政务纠缠,用不着在官场朝廷间周旋,更不需在枯燥无味的案牍疏奏上劳神。显然在精神上是得到了解放。然而他未能实现自己的愿望,这毕竟是件很遗憾的事。谢安对王羲之说:"中年以来,伤于哀乐,与亲人别,辄作数日恶。"王羲之说:"年在桑榆,自然至此。顷正赖丝竹陶写,恒恐儿辈觉,损其欢乐之趣。"王羲之当时已到五十三岁的暮年,"衰老之弊日至",伤心痛苦的事接踵而来。其一是两个孙女夭折,心灵巨创;其二是病魔缠身,痛苦不堪。

王羲之是一位感情丰富而细腻的人。延期(王操之)的女儿"四岁暴疾不救",另一个孙女即官奴(王献之)的女儿玉润,也是幼年因急病而亡。王羲之在《延期官奴帖》中说:"十日之中,二孙夭命。"他还在《二孙女夭殇帖》中称"二孙至此"。对于两个孙女的夭折极度哀痛,他曾说:"吾已西夕,情愿所钟,惟在此等(指儿孙)。"自己已到夕阳西下之年,把感情、心愿凝聚在儿孙身上,结果却是老者未去,幼者先亡,使王羲之"伤惋之甚,不能已已。"

当时的名士学人感到人生易老,生命短促,通过服丹药以求健康长寿。王羲之是一个五斗米道的信徒,十分相信神仙、服丹药。《全晋文》第二十六卷有一段关于王羲之服食的记载:"服足下五色石膏散,身轻行动如飞也。"然而药石并没有使王羲之长生不老,相反损害了他的健康,其晚年的病痛,他自己有很多这方面的陈述:"鄙疾进退,忧之甚深……仆进下数日,勿勿肿剧,数尔进迟,忧之转深。亦不知当复何治。得散力,烦不得眠,食至少,疾患经日……吾肿,得此霖雨转遽……吾遂沉滞兼下,如近数日,兮无复理……吾昨暮复大吐,小啖物便尔……吾此日极不快,不得眠,食殊顿……吾脾痛剧灸不得力,至患之……五六日来小差,尚甚虚劣,且风大动,举体急痛……仆下连连不断,无所一欲。啖辄不消化,诸弊甚,不知何以救之。"

王羲之晚年多病,这与他长期服丹药有很大关系,用他自己的话来说:"吾服食久,犹为劣劣。"服丹药短暂的快感换来终日病痛。由于健康状况日益恶化,年仅五十九岁就与世长辞了。随后朝廷"赠金紫光禄大夫"。诸子遵父先旨,固让不受。王羲之死后葬于浙江省剡县(今嵊县)金庭瀑布山南麓。现今该地还留有"晋王右军墓道"石牌坊及"晋王右军墓"碑亭。

浙江剡县金庭观宅后王羲之之墓

四、结交名士　聚会兰亭

晋代永嘉之乱后，北方的豪门士族络绎南迁，来到了山清水秀的江南安顿他们的家园，他们所面对的是一个全新的环境。永嘉南渡，对士人的内心波动是很大的。"八王之乱"、异族入侵、使南渡士人体会到了国破家亡的悲痛。这时，他们带着一种惘然凄凉的心绪，来到江南。这种心情不仅没有使他们形成恢复中原的那种豪情壮志，反而产生了偏安江南的心态，人生理想转向追求宁静、闲逸，追求一种脱俗的潇洒境界。

北方士族南渡以后，居住在江南富饶之地，他们在自己的庄园山墅里，过着闲适优雅的生活。江南气候温润，山清水秀，风景宜人。王羲之出身世代尊贵的家族，少失慈父，过早感受到亲人的离开，使他性格沉静，甚至有些孤傲，但身处明山秀水之中，大自然给了他无尽的抚慰。爱好自然的天性、洒脱的本性、博学的知识、精湛的书艺，使王羲之结交了不少爱好艺术的同好，《晋书·王羲之传》说："孙绰、李充、许询、支遁皆以文义冠世。并筑室东土，与羲之同好。"王羲之为《兰亭集》作序中提到群贤毕至，少长咸宜，其中除了家人，还有司徒谢安、辞赋家孙绰、高僧支道林等，他们在一起或砥砺书法，或写文互赏，或交游玩乐，给生活带来了更多仕途之外的乐趣。

谢安（320—385），字安石，谢安出身于名门世家，其父谢裒，官至太常。谢安少年时得到名士王濛及宰相王导的器重，已在上层社会中享有较高的声誉。朝廷最初征召谢安入司徒府，授任他佐著作郎之职，都被谢安以有病为借口推辞了。谢安多才多艺，善行书，通音乐。性情儒雅温和，处事公允明断，不专权树私，不居功自傲，有宰相气度。

谢安远离权力的个性和王羲之性格相像，后来，拒绝应召的谢安干脆隐居到会稽郡的东山，与王羲之、许询、支道林等名士、名僧频繁交游，"出则渔弋山水，入则言咏属文"，逍遥自在。会稽的东山,是谢安出仕前居住的地方,也是王羲之、许询、支遁、孙绰游历之处。宋人王钰在《东山记》中有这样的描述:"东山岿然特立于众峰间,拱揖蔽亏,如鸾鹤飞舞;林谷深蔚,望不可见。逮至山下,于千峰掩抱间得微径,循石路而上,今为国庆禅院,乃太傅故宅。绝顶有谢公调马路,白云、明月二堂遗址,至此山川始轩豁呈露,万峰林立,下视烟海渺然,天才相接,盖万里云景也。"东晋顾恺之说会稽山水是"千岩竞秀,万壑争流,草木蒙茏其上,若云兴霞蔚",东晋名士王羲之、谢安等都因"会稽有佳山水"而定居。正是在这明媚山水之间,谢安、王羲之等经常相约遨游山水,得山水之乐,忘世俗之烦扰。

谢安与王羲之友谊情深,书信来往问候频繁,王羲之晚年著名的《寒切帖》就是写给谢安的,内容为:"十一月廿七日羲之报:得十四、十八日二书,知问为慰。寒切,比各佳不?念忧劳久悬情。吾食甚少,劣劣!力因谢司马书,不一一。羲之报。"此帖是王羲之写给谢安的回信。从信中可知,王羲之收到了谢安的两封问候书信,心中感到很温暖,同时担心长期操心劳累的谢安。此《寒切帖》之"寒切"二字意为极冷、彻骨之冷,王羲之用墨很淡,与此时寒冷的天气有着惊人的暗合。《寒切帖》中短短几十字,不仅具有极高的书法意蕴,而且其内容道出了挚友间的深厚感情。帖中提到的"谢司马"为东晋名臣谢安,谢安在升平四年(360)任司马一职,次年,王羲之便谢世了,也可以说,这封信是王羲之写给谢安的最后信札。虽然如今我们无法还原王羲之当年写作《寒切帖》时那行云流水般的气度,但通过谢安的故事,或许我们能领略那一代文人的风度。太元八年(383),前秦苻坚率领号称百万的大军南下,志在吞灭东晋,当时谢安执掌朝政,虽然军情危急,建康城内也是一片恐慌,可他依旧镇定自若。《晋书·谢安传》中有:"安常棋劣于玄,是日玄惧,便为敌手而又不胜。"晋军在淝水之战中大败前秦的捷报送到谢安手上,他看完消息,便放在座位旁,不动声色地继续与客人下棋。客人憋不住问他到底战果如何,他则淡淡地说:"没什么,孩子们已经打败敌人了。"直到下完了棋,客人告辞以后,谢安才抑制不住心头的喜悦,舞跃入室,把木屐底上的屐齿都碰断了。

由此可见王羲之所生活的东晋时期文人们生活的环境与气质,他的朋友优雅、从容,无论身处何种境地,内心永远云淡风轻、气定神闲,处变不惊,这也是那个时代士人的个性特色。

谢安曾从王羲之学行书,他的书法非常出色,尤以行书为妙品。后世米芾曾称赞他的书法:"山林妙寄,岩廊英举,不繇不羲,自发淡古。"《宣和书谱》称其:"初慕羲之作草正字,而羲之有解书者。后之评其字者,亦谓纵任自在,若螭盘虎踞之势,要当人能品也。然其妙处,独隶与行草耳。此所有惟行书为多。"

谢安为吏部尚书时,王导的嫡孙王珣娶谢安的侄女为妻,王珉娶谢安的女儿为妻,但均夫妻不和。谢安鄙薄王珣为人,不惜与琅琊王氏嫡系一支交恶,径自让侄女和女儿离婚改嫁。王家和谢家从此不通往来许多年。

孙绰(314-371),字兴公,东晋玄言诗人,中都(今山西平遥)人。孙绰祖父孙楚,在西晋时以才藻超卓显名。晋室东渡,孙氏一门遂移江左。至孙绰,定居于会稽(今浙江绍兴市)。晋室南迁之后,避乱到江南的士大夫把崇尚佛老和清谈之风带到江南并加以发展,此风影响到诗歌,便催生了中国文学史上盛极一时的玄言诗,孙绰被文史家誉为玄言诗的大师和一代文宗。会稽是东晋世家大族聚居之地,又是名士逸隐憩息之所,所以,孙绰在青年时期,就结识了当时的不少名士。他"博学善属文",为当时文士之冠,温、王、郗、庾诸君之薨,必须绰为碑文,然后刊石,可知其文誉之隆。孙绰工书法,张怀瓘书估列入第四等。也有很多名士喜欢与他结交。除王羲之外,名士许询、隐居于余杭的高僧支遁,都是他的好友。在东晋士大夫中,把崇尚老庄看作一

浙江剡县金庭书院（王羲之生前常和许询等友人在此聚会）

时风流，是一种显贵尚雅的象征。而孙绰崇尚老子、庄子清静寡欲的思想，仰慕隐士生活。在会稽的十年中，也是在清谈，游山赏景中度过的。这一时期，他"游放山水"，孙绰常自称出身寒微，以与士大夫结交为自己的荣幸，以此提高自己的声望和地位。

东晋成帝咸和四年（329）三月，出生于会稽的庚亮被任为征西将军，庚亮看中孙绰的才华，便召至幕府，参谋军事。后来庚亮病死，孙绰又先后到庚亮临终前举荐的扬州刺史殷浩、右将军王羲之的府中任僚佐，王羲之与殷浩关系密切，而孙绰先后在他们手下任职，可以想见他有了更多的机会与王羲之谈玄、论书，成为同好。孙绰文采，当时人称横绝一世，以得孙文、王字者皆以为荣。

许询，字玄度。东晋文学家。许询出身官宦世家，才华超群，要做官轻而易举，也顺理成章，但他不想做官，和王羲之一样，好游山水，曾参与兰亭雅会。许询是当时清谈家的领袖之一，隐居深山，善析玄理，与孙绰同为东晋玄言诗的代表人物，并做过"都讲"，即主持学舍之人，相当于今天的校长,在学舍亲自讲授玄理、医药、诗赋等知识。如果历史上北方士人给南方带来生产技术,那么许询、王羲之辈亦在会稽郡中传播过文化知识。许询与王羲之友谊很深。永和九年(353)三月初三,王羲之宦游山阴,与谢安等在会稽山阴聚会,王羲之晚年隐居剡县金庭,许询特地从萧山赶过去与王羲之为邻。李白有诗云:"此中久延伫,入剡寻王许。"(《送王屋山人魏万还王屋》)诗中所指"王许",就是指王羲之与许询。许询后来居于剡县(嵊州),死后就葬在剡县孝嘉乡。他死在王羲之之前,大约活了四十多岁。

李充,东晋著名的文学家、目录学家和书法大家。母为河东卫氏才女卫铄,即王羲之的启蒙老师卫夫人。卫夫人曾带着自己的儿子李充在王家任王羲之的书法老师。因为这个关系,李充和王羲之自小熟识,关系较好。李充楷书写得很好,《晋书》称他善楷书,"妙参钟、索,世咸重之"。他的书法对王羲之也有示范启发作用。南朝羊欣《采古来能书人名》云:"晋中书院(侍郎)李充母卫夫人,善钟法,王逸少之师。"李充后来成为知名的学问家和书法家,官居大著作郎、中书侍郎。李充"幼好刑名之学,深抑虚浮之士",这一点与王羲之的观点相近,也许因为这一点,他曾应邀参加了以王羲之为盟主的兰亭雅集。李充多才多艺,其学问渊博精深,亦善辞章文赋。李充在掌管国史编撰期间,对古代典籍"删除繁重,以类相从,分作四部",创制经、史、子、集四分法,并为后代袭用。除受儒家、刑名、玄学思想影响,李充还很重视道家思想。余嘉锡《世说新语笺疏》曰:"《御览》五百九十七引充《起居诫》,自言家奉道法,知其好道家之言。"李充对《论语》《尚书》《周易》等儒家经典和道学名著《庄子》颇有研究,并"注《尚书》及《周易旨》六篇、《释庄论》上下二篇"。因对儒道思想的熟稔,李充常用老、庄思想诠释《论语》。王羲之也深受儒道佛思想的影响,和李充谈玄论道可谓志同道合。

李充还写得一手精妙的楷书,因书法修养高深,与东晋王羲之等一帮书法家经常在上虞的曹娥江畔、东山脚下,举行酒宴书法之乐。永和九年(353),正是"江南草长,群莺乱飞"的季节,李充等一帮文人学士与王羲之一家人少长咸集,坐于"曲水"岸边之乱石,饮酒赋诗,各抒怀抱。凡不能诗者,各罚酒三觥。永和二年(346),卫夫人随儿子李充来剡,卫夫人由儿子李充赡养。据唐张彦远集《法书要录》记载,李充母卫夫人卒于永和五年(349),李充服丧三年,王羲之永和七年(351)才到会稽任内史。李充当时因母丧在剡闲居,故羲之与李充在会稽永和期间交往最为密切。

除以上朋友和王羲之交往密切外,庾家的庾亮之弟庾翼与王羲之也交往十分密切,共同的书法爱好,常常使他们交流书法心得,俨然互为知己。还有殷浩作为王羲之为官的最后靠山,对他十分赏识,王羲之卸任江州刺史后,朝廷征之为侍中、尚书皆不就,但最终收到殷浩的一封信后,同意接任护军将军一职,可见王羲之对才华横溢、年少出名的殷浩还是很欣赏的。殷浩北伐失败不久,王羲之辞官,说明殷浩的失败令王羲之内心无比惋惜失望。

从王羲之交友可以发现,他的朋友都是以文义冠世的东晋名士,地位较高,生活旷达,爱好广泛,精通老庄之说,擅长文学、书法,谈论玄理等,为世人所敬。除谢安、孙绰、李充等人外,王羲之儒道佛共修,都不排斥,对玄理的追寻、道教的迷恋,使他交往中也不乏高僧道人,其中支道林等尤为著名。《世说新语》中关于支道林的记叙就有四十多条,支道林是位善谈玄理的僧人,也擅长草隶,对《庄子》有独到见解。他途经会稽郡时,与王羲之晤面,见面后王羲之对支道林说:"你注释的《庄子逍遥篇》可以看看吗?"支道林拿出他的注文,洋洋千言,才思文藻新奇,惊世骇俗,王羲之深为赞叹,为了以后随时可以见到支道林,便请他住在灵嘉寺,以便谈玄论道。

王羲之以其名望、才学、个性,得到众多朋友的欣赏,江南的山水之美,在他和士人们游历、居住时被发现,并为他们的思想交流提供了最好的场所。王羲之曾说:"初渡浙江,便有终焉之志。"在这里他发现山水之美,陶醉于大自然之中。王羲之和朋友们在一起纵游山水,高谈老庄,手挥五弦,赏会山川,饮酒作诗,怡然自得。《晋书·谢安传》记述:"(谢安)寓居会稽,与王羲之及高阳许询、桑门支遁游处。出则渔弋山水,入则言咏属文,无处世意。"

永和九年(353)三月三日,王羲之与谢安、孙绰以及家人等亲朋好友在山阴修禊,四十多位东晋的风云人物应东道主会稽内史王羲之的邀请,齐聚会稽山阴的兰亭,饮酒、写诗、观山、赏水。

会稽地处会稽山脉和河网平原交接地段,境内峰峦叠翠,江河奔流。传说上古帝王虞舜曾在这带巡狩,亲自耕耘;春秋时期越为吴所败,勾践退居此地,卧薪尝胆;秦始皇曾登会稽山……这里有崇山峻岭,茂林修竹,又有清流激湍。此次王羲之邀请众友齐聚会稽山水之间,当时的显赫家族基本上都到齐了:王家、谢家、郗家、袁家、羊家、庾家、桓家……共四十二人参加了聚会。东晋旷达、玄远、清雅、飘逸的时代气质使得这次聚会完全失去了政治色彩,成为地道的文人雅集,他们列座于曲水之间,宽袍大袖,依山

五代巨然《兰亭山水图》

王羲之评传

兰亭石碑

傍水,以荷叶轻托酒杯,任意漂流,至谁面前,当场作诗,如若作诗不成,便要罚酒。王羲之等二十六人当场写出诗歌,整理后共三十七首,汇为《兰亭集》,王羲之为之作序,这就是千古绝唱《兰亭集序》。

王羲之感叹人生,欣然拿笔写下了《兰亭集序》,以申其志。由于王羲之早就"无处世意",兰亭集会后的第三年,便告誓辞官了。既去官,与东土人士尽山水之游,弋钓为娱。他曾"遍游东中诸郡,穷诸名山,泛沧海""游目骋怀""极视听之娱"。王羲之去官退隐山林,遨游山水,以吟诗作书为乐,进一步发现了自然美的真谛,陶冶了艺术心灵,"文章多得江山助",使他的书法艺术达到韵高千古的程度。他的书法,不需要任何物象,仅凭线条的起伏变化,就足以表达内心之变化,以及倏忽不可名状的情感。他用笔,将书写成为通晓宇宙人生的秘密、接触自然万象的一种形式,以此捕捉寄寓其中的精神意义,并给予淋漓尽致的表达。

第三章　王羲之的书法思想

　　魏晋时期可以说是特殊的社会文化背景,激活了书法艺术家的灵智与激情。汉代造纸术发明,为书法艺术提供了轻便的载体,也促使社会文明程度大大提高。玄学、道教与佛教的盛行,解放了人们的思想,开阔了人们的胸襟,拓宽了人们的视野;理论著作的涌现使书法进入自觉时代,以王羲之为代表的书法家将书法艺术升华到理论的高度来欣赏、创作,书法理念有了质的飞跃。

　　在晋人强调玄远、静思、韵味的前提下,晋代书法家重视自身的修养,读书多,尚玄理,雅爱文艺为前人所不及。王羲之在东晋领一代风骚,其书法艺术风靡当时整个书坛,他的书法艺术思想是儒道佛的结合体,达到了一定高度,王羲之书法理论著作主要有《书论》《自论书》《题卫夫人〈笔阵图〉后》《书论》《笔势论十二章并序》《用笔赋》等,但不少人认为除《自论书》之外,其他的都是伪作。任何思想的产生都有其根源,从相传的王羲之的书法论章来看,历代流传中或许会出现残缺错误,却也基本体现了他的学书经历。

一、书需存思　意在笔先

　　关于书法理论的"意",有一个发展完善的过程,在书法理论发展之初,就有"圣人立象以尽意",这种"意"是侧重文字意义上的意。魏晋玄学以老子道家学说为理论依据,它要求书法表现人的内在精神意向,主张"得意而忘象"。

　　卫夫人将"意"作为书法构成的先决条件和胜败的关键,将"意"和"笔"作为一对范畴加之论述。王羲之进一步发展了"意"的美学思想,使之成为一个比较完整的体系,他在《书论》中提出，"凡书贵乎虚静，令意在笔先，字居心后"，将"书"与"思"及"笔"与"意"联系起来，不仅在书法领域，在文学、绘画领域也成为深入人心的艺术创作理论。

什么是"书"，什么是"意"？王羲之对卫夫人关于"意"的理论，做了进一步阐述："夫欲书者，先干研墨，凝神静虑，预想字形大小、偃仰、平直、振动，令筋脉相连，意在笔前，然后作字。"在这里，"意"是一个创作之前的准备和构思，涉及具体的书法表现和汉字的形体、运笔等形式内容。因为要表现玄学的"意"和抒发幽远丰富的情感，都必须通过书法的内在结构，借助于基本的形式，忽视了点画结构、章法的形式美，"意"的美学原则便失去了载体。因为平直相似，状如算子，上下方整，前后齐平，便不能称其为书法，整幅作品筋脉相连，"意气"充溢，才是书法艺术的真谛。

王羲之进一步发展了书法的"意"的理论，将"意"作为构成书法作品本身的内容。这种"意"是玄学意义上的意，是难以名状、深不可测的，是从哲学的高度引进了"言不尽意"这一命题。他说："吾尽心精作亦久，寻诸旧书，惟钟、张故为绝伦，其余为小佳，不足在意。去此二贤，仆书次之。须使书意转深，点画之间皆有意，自有言之不尽。得其妙者，事事皆然。复与君，此章草所得，极不为少，而笔至恶，殊不称意。"王羲之认为，书法必须表现人的精神实质，作书应以"心意"为首。他在《题卫夫人〈笔阵图〉后》中将纸比作阵地、战场，将笔比作兵器，墨比作盔甲，而"心意"则是统帅全局的将军。将"意"提高到将军的地位。他在《书论》中曾说："夫书者，玄妙之伎也，若非通人志士，学无及之。"

充溢"意气"和反映玄学精神的书法，是一般人难以领悟的，这就要求艺术家必须有高深的学养和灵气，必须要达到"通人"的水平。不了解这一点，便不能登堂入室。王羲之在评论书法作品时将"意"作为重要的审美标准，他曾说："子敬飞白大有意""君学书有意""意乃笃好"。与王羲之同时代的虞安吉也曾指出："夫未解书意者，一点一画皆求象本,乃转自取拙,岂成书邪。"他从反面道出了理解书意、不满足于表面仿摹、立志创意的重要性。

古人论书法,有"晋尚韵,唐尚法,宋尚意"之说。中国书画讲究妙悟,要求艺术家要有高超的技巧手法和丰富的人文素养,书法艺术发展到晋代,在创作中人们注重追求玄远韵味,张扬个性,表达真性情。"书需存思""意在笔先"书法创作理念的提出,与魏晋时期追求对人的风神品鉴、谈玄论理有关,清谈、品鉴、任诞之风气将人物气质同自然风物和艺术特质联系起来,在书法创作中追求"意在笔先""气韵生动""以形写神"等。王羲之在《书论》中提出"书需存思""意在笔先",这就要求艺术创作要在舒展自如中实现艺术的个性化、自由化、生命化。在创作之前,意在笔先,创作过程中,胸有成竹。

对于艺术创作前的思考,西晋文学家、书法家陆机曾专门创作《文赋》探讨文学创作问题,王羲之对此名篇一定有自己的感悟和理解。前辈陆机以创作者的亲身体会生动分析描写了艺术创作的心理特征和过程,表达了他的美学思想。《文赋》不仅对文学创作影响深远,对书画领域的创作也可以互通相参。陆机说,创作之前,首先要"伫中区以玄览,颐情志于典坟。遵四时以叹逝,瞻万物而思纷。"陆机在这里充分肯定了艺术的想象作用,认为在构思阶段要"收视反听,耽思傍讯,情骛八极,心游万仞",强调了虚静、玄览对艺术创作的作用。意为在作书法前,思想上要先沉静,未写字之前,就已经有成熟的构想,成竹在胸。这就揭示了书法创作前要凝神静思、想象不受时间空间限制,要静心领悟生命内涵和幽微哲理,下笔创作时才能笔墨交映,创作才会富有生命和灵魂。继陆机之后,传为卫夫人的《笔阵图》提出"意"与"笔"关联,"若执笔近而不能紧者,心手不齐,意后笔前者败;若执笔远而急,意在笔后者胜",提出了意与笔的关系,但将"意在笔先"作为一个书法创作论提出当首推王羲之。

"书需存思""意在笔先"的理念提出,与王羲之等东晋士人信奉道教,推崇老庄思想也有很大关系。道教信仰对王羲之书法创作思想产生了直接的影响。王羲之在书法创作中呈现出崇尚自然、超然物外之气、存思之气,实则是道教"至道""至美"的美学书法中的具体实践。王羲之提出"书需存思",即是道家宣扬的静观玄览、清净无为、静观坐忘,追求内心的安宁。道教这种出世的养神之道,特别是道教中存思术,要求道士在修炼时集中意念,以达到沟通神明的作为。王羲之在《记白云先生书诀》中,借天台紫真道人的口气说:"书之气,必达乎道,同混元之理。七宝齐贵,万古能名。阳气明则华壁立,阴气太则风神生。"将"书之气"与道教的"元气"相提并论,认为其道相通,"书之气"为阴阳对立的和谐统一。正如同郭沫若所说:"王羲之的思想是儒家和道家的混合物。"道家哲思给王羲之的书法理论提供了上升到"道"层面的思考。

王羲之提出"书需存思""意在笔先",表明他已经对书法艺术中表达人的感情、志向、性格有了较深入的思考。书法不单是门书写的艺术,真正好的作品凝聚着人格魅力。"笔"和"意"是实和虚的关系,艺术作品要达到形神兼备的境界,需要用心在无笔墨之处,实处见虚,虚处见实。意在笔先,倾注有艺术家个人的精神世界,渗入主观因素,比如审美品位、生命取向、人品人格、情感文化等,这也说明只有在艺术创作前有成熟的酝酿构思,只有在不断的记忆磨炼中达到技术的高峰,才能笔到意生,达到满纸烟云的境界。

虽然王羲之没有说明"意"是什么,但自王羲之之后,文艺理论家在阐释"笔"与"意"的关系时,更多地将其指向才情、灵性。语言只能表达人类共同的东西和部分思维成果,不能显示具体的情感内容。"意"的哲学范畴引入审美领域,便成为中国美学中的艺术创作批评的原则和审美的标准,如南朝时刘勰把"意"规范为审美的情,这是词外的"隐秀"、言外的"情"。唐代张彦远论吴道子画:"笔略到而意已到。"北宋苏轼跋赵子云画"笔略到而意已俱",在《既醉备五福论》中说:"夫诗者,不可以言语求而得,必将深观其意。"清代恽寿平说:"今人用心在有笔墨处,古人用心在无笔墨处,倘能于笔墨不到处观古人用心,庶几拟议神明,进乎技已。"

二、取象自然　变化无穷

中国书法之所以是一门艺术,一个重要的原因是中国文化的参与,中国古代书法是和士大夫文人联系在一起的,所谓"圣人立象以尽意","象"对造字和书法注入了特定的内涵。许慎对文字做了这样的阐述:"古者庖牺氏之王天下也,仰则观象于天,俯者观法于地,视鸟兽之文与地之宜,近取诸身,远取之物,于是始作《易》八卦,以垂宪象。"取"象"是文字的由来,构成中国文字的指事、会意、形声、转注、假借等都离不开象形。"观象于天""观法于地""依类象形"等这种"取象"意识,体现了古代"天人合一""天人相通"的哲学观念,体现了古代人对自然美的认识,所以中国的文字不仅仅是语言记录的符号,还是一门艺术。

书法"象"的理论,到了汉代,经过崔瑗的阐述,更趋完整。他把草书"方不中矩,圆不副规。抑左扬右,望之若奇"的抽象线条看成是"兽跂鸟跱,志在飞移,狡兔暴骇,将奔未驰"。他对草书美感的阐述是从"象"出发的。

书法的"思""意"必须通过具体的"象"表现出来。对于自然界的物象,王羲之在书论中做了大量的描写。江南的明山秀水给了他无穷的启发和灵感,年幼时卫夫人以自然界为譬喻教他学书的方法也记忆犹新,年老时沉醉于道家理论之中,"外师造化""道法万物"等思想早已和他学书融为一体。

晋人对自然美的发现,包括对自然界中形式美的发现。大千世界是丰富多彩的,植物的枝干,鸟的翅翼,兽的四肢以至于人体,都是左右均齐的,然而鸟、兽、人在运动时,花草树木在风吹摆动时,却打破了静态的均齐变为平衡。平衡,就是保持重心,古人在观察舞剑时对书法的结体用笔获得教益,其中很大程度上是得到字体平衡的启迪。如果字体横画很粗,竖画很细,使人看后感觉心理会失平衡。故王羲之指出:"横贵乎纤,竖贵乎粗。"关于分间布白,王羲之说得更加明确,要"远近宜均",均即均衡。他还将败笔与自然之物相类比,如"勿使蜂腰、鹤膝""复不宜伤疏,疏则似溺水之禽;不宜伤长,长则似死蛇挂树。"

王羲之对书法创作理论做过大量的比喻性描述,如果说"意"分为主观和客观,那么主观上王羲之论书法重在要求个人的性情、灵感投入到创作之中,客观上他则提出书法的笔势、字形要取象自然,像自然界中的一草一木、一鸟一石一样,展现出其中的变化无穷的奥妙、神态。"天质自然"不仅是王羲之书法的创作风格,也是他关于书法理论的主张。

王羲之在书论《笔势论十二章·视形章》中说"视形象体",即书法的视觉形象取决于自然之体貌。在《笔势论十二章·启心章》中谈到写字:"每作一波,常三过折;每作一□,常隐锋而为之;每作一横画,如列阵之排云;每作一戈,如百钧之弩发;每作一点,如危峰之坠石;□□□□,屈折如钢钩;每作一牵,如万岁之枯藤;每作一放纵,如足行之趋骤。状如惊龙之透水,激楚浪以成文。似虬龙之蜿蜒,谓其妙也;若鸾凤之徘徊,言其勇也。摆拨似惊雷掣电,此乃飞空妙密。"即每写一横笔,要写得像滚动的阵云,写一戈字,要写得如同用数千斤重的机弩把箭射出一样,写一点,如危峰坠石,写出纵画,如万岁枯藤,总之写出的笔画,其形状就如同受惊的长蛇从水中跳出时反弹的波浪形成的涟漪,又像是虬龙在蜿蜒行进,这是笔画线条的微妙。就像鸾凤在空中飞翔盘旋,这是笔画的力量和美丽。提笔震动时如惊雷和闪电……王羲之为了启发后世学者对书法艺术的审美本体的理解,用了大量的自然界物象来表明书法的体势,变化多端,孕于无形,只有"意"与"象"相融合,才能达到艺术的审美境界。

王羲之讲求书法的多样性,说"书不贵平正安稳"。用笔要"有偃有仰,有欹有侧,或小或大,或长或短",要注意字体左右的高低,轻重富有变化,字体欹侧不失重,同一个字出现在一幅书法中写成不同的形态,避免一个字的绝对对称,通篇章法布局有疏有密,错落有致。他说,各种笔法应当使点画和谐,即所谓"悉令和韵",多样统一如韵律一样,"凡作一字,或类篆籀,或似鹄头;或如散隶,或近八分;或如虫食木叶,或如水中蝌蚪;或如壮士佩剑,或似妇女纤丽……若作一纸之书,须字字意别,勿使相同。"这是就书法笔势而言,不是照抄事物的原形,其出发点是反对人工雕琢,强调书法的天趣盎然,生机活泼。

把书法中的笔画与自然物象联系起来,以自然美来要求书法,充分体现了王羲之师法造化、重视书法的多样统一规律的运用,这一审美观点和情趣,与当时的"道法自然"的观点相契合。

东汉时书法家蔡邕曾将"形"和"势"作为书法的对偶范畴,所谓的"形",指书法中的点画结构而成的章法,而"势"是一种自然法则,指蕴含在点画及章法之中的运动方式。形与势是对立的,只有在它们统一和谐的情况下,才能产生美感并使其达到最佳的效果。"形"和"势"的关系,在王羲之这也就是"意"和"象"的关系,内在的美要和外在形式的美相一致。美是多样的,又是统一的,即追求内在的韵味,又要求外在的形式美不单调雷同。因而王羲之在所有书法概念中,除了取法自然,重视自然外,都贯穿着多样统一这个命题。

三、吸取众家　创造革新

王羲之在《题卫夫人〈笔阵图〉后》说自己:"予少学卫夫人书,将谓大能;及渡江北游名山,见李斯、曹喜书;又之许下,见钟繇、梁鹄书;又之洛下,见蔡邕《石经》三体书;又于从兄洽处,见张昶《华岳碑》,始知学习卫夫人书,徒费年月耳。遂改本师,仍于众碑学习焉。"虽然此题真伪尚待考证,但历史上流传已久,大致却说出了王羲之学书的过程。

王羲之生活在东晋前半期,在他之前,魏晋时代书法已经大盛,士人之间书法的交流成为风气,书法的雅俗高低已成为衡量人品高下的内容之一。当时门阀士族非常重视书法在文化生活中的作用,各个家族在书法技艺的传递、融合、交流中,推动了文人书法艺术质量的大大提高,各家各派精研书法,由此也产生了书法艺术创作的繁荣局面。考察魏晋各派书法家的师承源头,基本都会指向两大派系,一派是源于东汉末年的张芝一系,一派是东汉至曹魏时的钟繇一系。张芝被称为草圣,他的草书传承至魏晋主要以卫、索等家族为中介,钟繇主攻楷书和行书,王氏家族在书法传承上受他影响最深。

王羲之幼年在家族内跟着父亲王旷、叔父王廙学书,然后是卫夫人等。卫夫人所授正是钟繇一系的楷书,在王羲之的少年时期,打下了坚实的书法基础,这为他以后变革钟繇楷书奠定了基础。王廙与卫夫人不同,卫夫人所擅主要是楷书,而王廙"工于草隶、飞白,祖述张、卫遗法……"此外还有记载说,他受书法家索靖影响,这使王羲之在楷书之外,对张芝、索靖的草书又有所了解。王氏家族是一个书法世家,除王旷、王廙等人,不能不提到王导。王羲之的伯父王导"行草见贵当世",王导的后代,子王恬、王洽、王劭、王荟,孙王珣、王珉等皆以书名世。王导在家族内位高言重,对子孙的影响不可谓不大,而王导最为看重的是王羲之的书法天赋,曾将珍藏的钟繇《宣示表》传于王羲之。王羲之在做人做事书法上受其影响皆是情理之中。

王羲之与郗氏通婚,郗氏家族也是书法世家,郗鉴子郗愔、郗昙,女郗璇,孙郗超等都为当时名家,郗氏书法对王羲之的影响也是分不开的。这些为王羲之后来集大成而众体皆备做了重要的铺垫。

　　王羲之作书时，将笔锋垂直，下笔的时候笔锋则侧偏；他善于处理笔画之间的转换，在提按的时候严守规范。这些思想在《笔势论十二章》《用笔赋》等书论中都有体现。他改变汉隶的字体结构，又对汉隶的书写技巧进行了新的探索，最终促成了今体结构的稳定。于右任在《标准草书千字文》中，直接选取王羲之的字就多达二百二十九字。王羲之在结字规律方面的创新在《兰亭集序》中体现最为鲜明。他通过假借和通假的方式灵活处理"领""固""快"等字。此外，王羲之还对很多字进行了改写和省写的处理，如"揽""骸""於"等。这些字的处理暗合了造字规律，至今仍可以作为书写的典范。

　　通过不断的摹写、临习，王羲之将古人的运笔规矩了

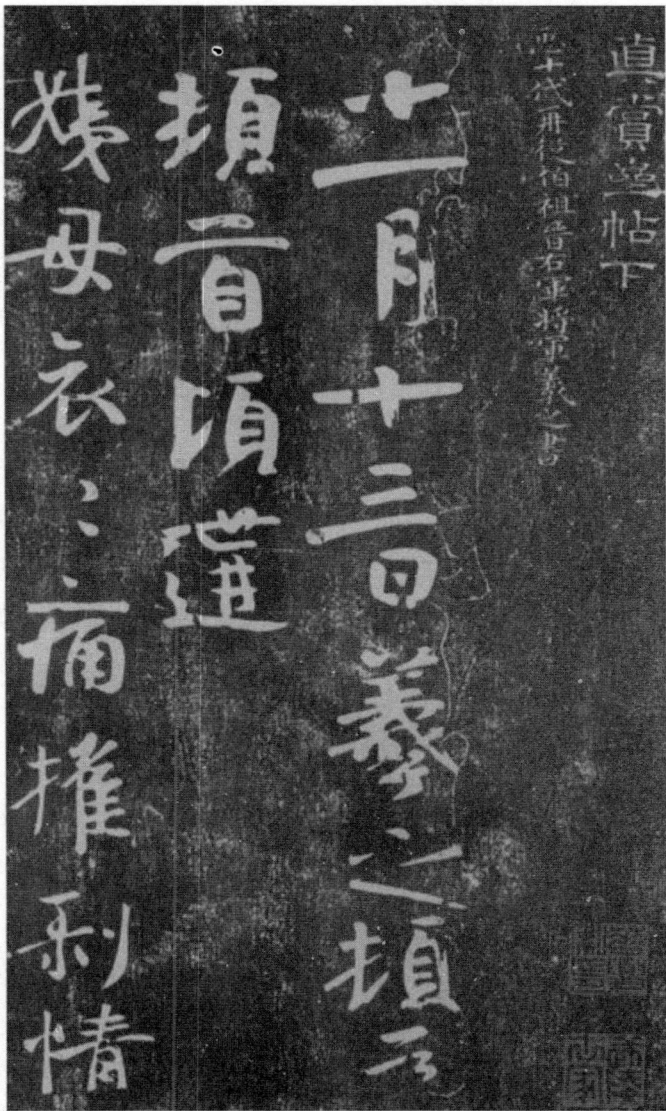

王羲之《姨母帖》局部

然于胸，师古而不泥古，求新求变，在继承传统的基础上，不断创新。王羲之的师承源头是张、钟，革新目标也是张、钟，正如王羲之自己的论书语："顷寻诸名书，钟、张信为绝伦，其余不足观。""吾书比之钟、张，钟当抗行，或谓过之，张草犹当雁行。"

　　在这里，王羲之认为张芝、钟繇的书法绝伦，其他人的

书法与之相比,都不足相提并论。他对前辈充满敬佩,又勇于超越,梁武帝萧衍云:"逸少学钟势巧,及其自运意疏字缓,譬犹楚音夏习不能无楚。"唐代张怀瓘《书断》曰:"右军开凿通津,神模天巧,故能增损古法,裁成今体,进退宪章,耀文含质,推方履度,动必中庸,英气绝伦,妙节孤峙。"由此可见王羲之学习传统、学习古人不是囫囵吞枣,是通过"自运"和"增损古法"来进行的。

艺术的生命在于创新,经过几十年的锤炼、打磨、再造和提升,王羲之革新旧体,创立新风,形成了自己独特的艺术风格。秦朝的篆书整齐划一,缺少变化,如《秦始皇刻石》小篆书法,笔画圆起圆收,每一个字乃至全篇粗细一样,每个字的高宽相等,纵成列横成行,没有任何参差变化。到王羲之手中,他一改汉隶的规整、均齐,代之以飘逸遒劲的笔触、自然天成的格调和形神兼备的韵律,将文化的智慧与汉字的韵律美有机结合起来,令人赏心悦目。

如南朝虞龢就说:"羲之书,在始未有奇殊,不胜庾翼、郗愔,迨其末年,乃造其极。"南朝陶弘景更为具体地分析说:"逸少自吴兴以前,诸书尤为未称。凡厥好迹,皆是向在会稽时,永和十许年中者。"唐代孙过庭曾经探讨过其中的原因,他说:"右军之书,末年多妙,当缘思虑通审,志气和平,不激不厉,而风规自远。子敬已(以)下,莫不鼓努为力,标置成体,岂独工用不侔,亦乃神情悬隔者也。"这说明王羲之的字也是在不断完善发展之中,如相传早期的《姨母帖》,还充溢有前代的古拙气息,隶书横势特征明显,作品风格接近于钟繇时代,这正是他继承前贤的证明。以《姨母帖》为参照,经过师从多家,时间的沉淀,我们可以看到王羲之后期的作品已经转变为另一种新妍的风格。如他在会稽任上以及晚年所创作的《丧乱帖》《得示帖》《二谢帖》等,技法已经达到十分纯熟的境地。

在王羲之以前,钟繇的楷书和张芝的草书,一直是人们习书的楷式。王羲之的草书,并非其最高成就,但是他的草书却奠定了中国草书艺术的基础。自晋以降，凡作草书，无不得力于此。王羲之在草书方面的建树，并不是旧体的章草，而是新兴的今草。在王羲之以前，草书以章草为主体。然而，行草书在当时也已经崭露头角，士族书家开始写草书、行书、楷书。王羲之对今草所做出的贡献是不容抹杀的。他的功绩主要在于以其大胆的艺术创新精神，完善了今草书体，确立了今草的艺术特质。他是在众多前辈书家所提供的各种书写范式和手段的基础上，适应时代的需求，踵事增华，把妍丽之风推向新境，后人肯定的、崇拜的，就是他去芜存菁的今草。

王羲之《二谢帖》

　　羲之的今草书，是在扬弃张芝章草书的过程中生成的。王羲之的草书学张芝，对张芝的章草、今草进行了认真的研究，保存二者的优点，摒弃二者的不足之处。今草有流畅飘逸之美，但字体狂放，不容易辨认学习，他采取连续贯通的方法，使之依然流畅而又不难辨识；章草还留存有汉以来隶书的笔法，书写较为繁复，故为他所不取。但章草有自己的个性，富于结构美，王羲之去掉章草的过多波挑，发扬其结构之美。王羲之改良过的今草，流畅俊逸，有种美的跃动和内在张力，吸取章草的字字独立，创造了极具艺术性又易于

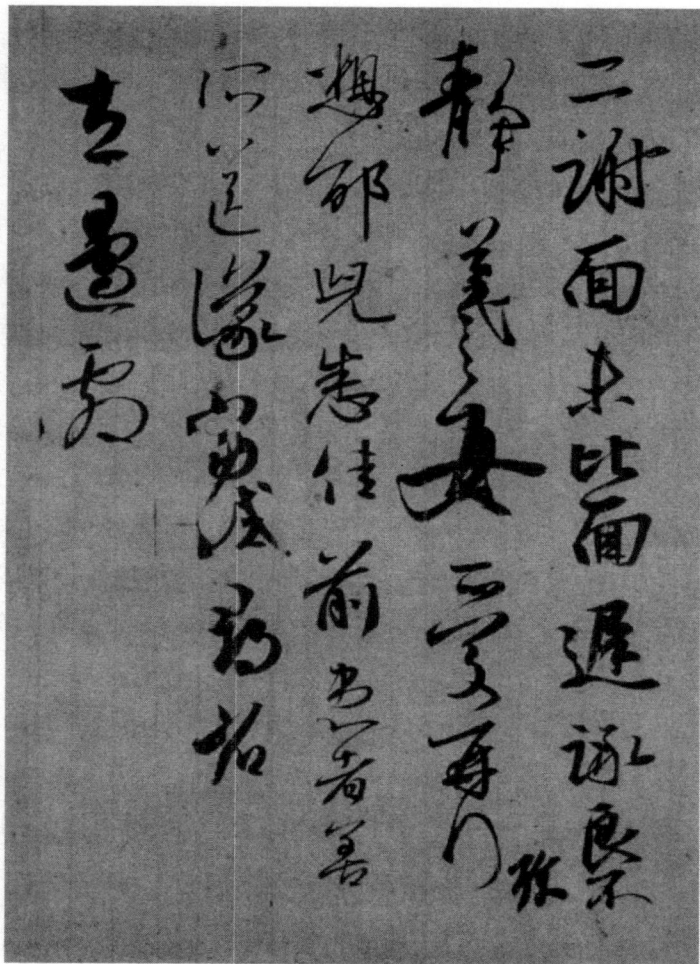

普及的新体今草。

在楷书创作上,王羲之楷书被称为百代典范。楷书从汉末钟繇到东晋,经过几代人的努力,于王羲之手中完成了审美定式。楷书古称真书。王羲之学真书成绩卓著,令人赞叹,卫夫人在《与释某书》中对她的学生王羲之的楷书曾做过高度评价。南宋姜夔《续书谱·真书》云:"古今真书之神妙,无于钟元常,其次则王逸少。"

王羲之的楷书地位很高,他在楷书上的成就与贡献主要表现在"变古形"。楷书书体是在隶书嬗变过程中出现的,这种书体早在汉简书迹中就出现了变形。东汉民间已开始流行,三国时期著名书法家钟繇不断加以研习,使之完善,并得到社会的承认。范文澜说,书法自东汉以来,成为一种主要的艺术,魏钟踪始创真书,独辟新境,因此被称为"秦汉以来一人而已"。

王羲之不仅吸收汉魏诸家的精华,更重要处还在于脱出钟繇的书法境界又自创新境。有人认为,"右军书成而汉魏西晋之风尽,右军固新创可喜,而古法之废,实自右军始",就是指这一点而言。楷书发展至钟繇时,已经初具规模,但仍有隶书遗风。这时候楷书刚从隶书中蜕变而来,一般人书写楷书,还不能脱尽隶书用笔的习惯。钟繇的楷书,保存到今天的有《宣示表》《戎路表》等,这些作品中还保存有不少隶书的形态,"左右波挑",纵向的笔画较短,不少字态呈长横势,笔画之间结构尚未定型,结体尚不够紧密。王羲之对这些隶书的用笔进一步革新,波挑汰尽,顿挫分明,字体上易扁为方,使结字更为紧凑,变化更为丰富;在横画上,一改钟繇的长横势,使横画在小楷中更为和谐。在掠笔上以撇替代,去除残余隶风。

与楷书一样,两汉时期,行书已在民间流行。从汉简中,可以看到早期的行书。这种早期的行书也是由隶书的实用书写逐渐发育而成的一种新兴的书体。它简洁,开张,结体松动,隶味很浓。王羲之的新体行书中锋、侧锋互用,每字即见,运笔速度较为迅疾,有遒劲的风神。由于笔势连贯,笔画之间的呼应关系更加紧密,点画的态势也随之发生相应的变化,例如捺脚,不再是重按后平出,而多作长点状的反捺。王羲之将草书笔法引入行书,从而使行书体势具备了欹侧遒媚的风格。

王羲之对后世文人书法影响最大的是行书。在王羲之之前,钟繇为书法界的新派代表,用笔有新妍特征。但因为时代局限,钟繇笔中的隶书笔法仍不能脱尽,王羲之的老师卫夫人"规矩钟公",叔父王廙"谨传钟法",王羲之在启蒙中所传授的正是钟繇的书法,所以王羲之的行书风格是变制钟繇行书而来的,其行书代表作有《兰亭集序》《孔侍中帖》《丧乱帖》等。关于钟繇的书法,南朝王僧虔《论书》云:"钟公之书,谓之尽妙,钟有三体,一曰铭石书,最妙者也;二曰章程书,世传秘书,教小学者也;三曰行狎书,行书是也。"当时铭石书皆用八分,由于钟繇最精于隶书笔法,所以铭石书为最妙。在西晋卫恒的《四体书势》中,钟繇被列为隶书门,这充分说明钟繇精熟于隶书。钟繇虽然对行书的创造倾注了很大的热情,为其笔画规范尽力很大,但这种新型的书体毕竟处于初创阶段,尚不完善。钟繇为行书立法很大程度上停留于"破","立"的成分相比之下较少,他所作行书带有较重的隶书笔法,即所谓"隶味"。

王羲之的行书,时常夹杂有楷书和草书,他将草书的活跃与楷书的平和糅为一体,形成了自己飘逸潇洒、妍美流便的审美特式。王羲之对于行书体态笔画加以全面改造,摒弃了某些隶书特征,使之面貌一新,显得清新华美。这种书体受到了朝野的青睐,人们争相仿效。

王羲之书法作为魏晋风度的审美典范,对后世书法的影响是深远而持久的。这种影响,不仅是单纯的对王羲之书体的吸收和继承,同时还是对王羲之书法思想乃至这种思想背后的文化传承,即儒家和道家,包括佛家互补的思想传承。王羲之用书法创作告诉我们,书法创作要把握神采和形质的统一,研习前人的书法作品仅仅描摹是不够的,更重要的是把握前人的艺术精神。只有这样,书法才能得到进一步的深入和发展。书法要取得进一步的发展,可以从王羲之的艺术思想中得到如下启发:

首先,书法创作须观照书家的心理活动以及精神世界。通过书法传递出书家的思绪和情感,以此缩短书家和欣赏者之间的距离。唐代孙过庭认为,王羲之的书法经过融合吸收多重书体,能够达到表情达意的效果:"写《乐毅》则情多怫郁;书《画赞》则意涉瑰奇。"王羲之在有所感触的时候,能够通过书法把他的所思所想传递出来。这样的话,在不同的心境下便会产生各不相同的作品。有些书法作品虽然在技法上能够做到十分讲究,形式上经过精心设计,但不足以引起欣赏者的感动。因为这样的作品缺乏感人的激情和浓厚的意味,实质上显得苍白无力。要想感动观众,作品必须能够透露出作者的真情实感。

其次,探寻运笔规律和结字规律。我们在谈及王羲之的时候,很少会去探究他在作书方面的实用标准。王羲之在《题卫夫人〈笔阵图〉后》中提到了"平直""偃仰"和"筋脉相连"等词语。这些在王羲之看来都是审美的标准,是符合艺术辩证法的,它是一个发展过程,是随着人们审美的变化而变化、发展而发展的,人们的审美意识又是由客观存在决定的,这由当时庄园经济的发展、经济基础的变化所决定,与儒家学说衰微、道家思想兴起相联系。晋人创造的行、草、楷等书体,萧散洒脱,流美多变,和秦篆、汉隶显然是不同的两种艺术风貌,体现了晋人胸怀坦荡,追求个性解放的强烈意识和美学理想。王羲之是这一时期书法的杰出代表。艺术要依赖艺术家的天才与创造,然而任何人也不能超脱客观规律,人们不能改变规律,但可以驾驭规律,运用规律。艺术的发展、审美观的变化都有其发展规律。审美观发展到魏晋这个时代产生了转折,这是历史的必然,这使晋代书法发生了关键性的变化,也为王羲之的书圣地位提供了先决条件。因此,王羲之的书法思想不是无源之水,无本之木。

　　最后,要重视传承,精研各家,也要富有开放精神,特别是形式的创新,不仅追求形式美,而且要便于普及、书写。王羲之以艺术的心灵、博大的胸怀去体察山水,由实入虚,"建立最高的晶莹的美的意境"。他曾说,从山阴道上行,如在镜中游! 欲将个人融入山水之中,出神入化、超越现实的自我,升华到玄远、空灵的境界。在这种境界中,一切功名利禄、物质欲望、人间的烦恼都化为无影无踪。"我卒当以乐死",的确是王羲之的肺腑之言。

　　王羲之把自然看成一种崇高的美,他把对自然的一往情深,倾注到自己的书法创作之中,后世书家不难看出他的书法潇洒绝俗,有一种"初发芙蓉,自然可爱"的美。孙过庭在评价王羲之的书法时说:"观夫悬针垂露之异,奔雷坠石之奇,鸿飞兽骇之姿,鸾舞蛇惊之态,绝岸颓峰之势,临危据槁之形。或重若崩云,或轻如蝉翼;导之则泉注,顿之则山安;纤纤乎似初月之出天崖,落落乎犹群星之列河汉;同自然之妙有,非力运之能成。"宋代黄庭坚云:"右军笔法如孟子言性,庄周谈自然,纵说横说,无不如意。"

第四章　卓荦的书法艺术

一、行云流水　一派天然

王羲之的书法艺术,历来评价很高。梁武帝萧衍曾说:"王羲之书字势雄逸,如龙跳天门,虎跃凤阙。"元代赵孟頫在《定武兰亭跋》中说:"右军字势,古法一变,其雄秀之气出于天然,故古今以为师法。"

王羲之的字个个流畅行云,笔力遒劲,整体上一气呵成,给人以舞动游走、首尾相衔、气韵律动的感官享受。可以说,既有深厚的文化支撑,又让观者在欣赏书法形式美的同时,深深浸润在中华文化博大精深的智慧中。

王羲之生活在东晋时期,当时儒道佛多种思想并存,主要的思想潮流是玄学思潮的出现与发展。社会上层门阀士族之间大畅玄风,崇尚老、庄,士人的人生理想、人生趣味、审美趣味、生活方式,都深受玄风的影响。这些影响,很自然地投影到书法创作上。李泽厚在《中国古代思想史论》中指出:"从总体来看,魏晋思潮及玄学的精神实质是庄而非老,因为它追求和企图树立的是一种富有情感而独立自主、绝对自由和无限超越的人格本体。"王羲之的书法,在玄学清谈思潮的影响下,折射出追求艺术的自由,追求自我价值实现的自觉意识。

老庄思想既深入士人生活领域,反映到他们的生活方式、生活情趣上,它便必然要反映到书法创作倾向上。古往今来,论王羲之书法有妍丽流变的说法。妍丽指遒健秀美,流变即流畅多姿,这样艺术上就呈现出行云流水、一派天然的风格。

对于自然美,孔子曾经说过:"智者乐水,仁者乐山。"可见早在春秋时代,人们对山水的自然美就已有所认识,表现出一种审美的热情和喜爱。然而,这是初步的,由于礼仪的束缚,他们不可能放情肆意,尽情欣赏。而魏晋时期,士人追求"越名教而任自然",否定和超越名教,贤人高士寄情山水,醉情于幽静的自然美之中。狂放洒脱、清远高朗成为人物品评的审美标准。人们对自然美认识的深化,加大了对礼教的离心力。东晋孙绰的《大尉庾亮碑》,其碑文云:"公雅好所托,常在尘垢之外,虽柔心应世,蠖屈其迹,而方寸湛然,固以玄对山水。"可见晋人在山水中寻求精神的解脱。由于东晋老庄哲学的盛行,其美学观点和审美意识,对人们产生了深刻的影响,老子说,"致虚极,守静笃""清静为天下正",对治世提出"无为"的主张。庄子的观点是:"虚静恬淡寂寞无为者,天地之本,而道德之至。"他们的说法虽然有差异,但总的观点是一致的,都是以虚静无为作为审美标准。虚静无为的观点,更为贤人高士们所接受。王羲之作为东晋士人的代表人物,不仅深受其影响,而且书法作品平和自然,一如其内心的淡泊功名、超越尘俗。

王羲之曾做过这样的表白:"吾素自无廊庙志。""每仰咏老氏、周任之诚。"所谓"老氏、周任之诚",即知足不辱,安贫乐道。又云:"吾为逸民之怀久矣,足下何以(方)复及此。"王羲之《与吏部郎谢万书》其内容最能体现他虚静无为的思想:"顷东海游还,修植桑果,今盛敷荣。率诸子,抱弱孙,游观其间,有一味之甘,割而分之,以娱目前。……常依陆贾、班嗣、杨王孙之处世。"王羲之依照陆贾、班嗣、杨王孙的思想观点来处世,内心崇尚自由,致静守虚,在书法的世界中徜徉而获得心灵的安静。

王羲之所敬慕的、作为榜样的以上三人,虽然在许多方面各不相同,但他们都崇尚老子、庄子,以虚静无为为最高境界,追求平和自然之美。鲁迅先生曾经指出,魏晋南北朝是"文学的觉醒时代",是最富艺术精神的时代。作为书法艺术家的王羲之,受到来自各方面的影响,使他的书法艺术具有鲜明的时代特色。从美学角度来看,因为山水入怀,王羲之个人品格的高洁和天地山水融合为一,日夜苦练书法,字迹雄秀,达到"天人合一"的境界。同时兼有雄、秀两者之美,在他之前几乎是不可能的。书法能达到雄秀极难,"秀"必须有很高的修养,"雄"必须有胆量和骨气,既要有灵气又要有朝气,力和美才能在书法作品中同时显现,这只有王羲之才能做到。羲之书法又有人用"雄强"二字概括评论,雄则生机勃发,强则神理定足,故能茂能密。书法的"雄秀""雄强"都是极高的水准与要求,一般人是望尘莫及的。

自然界的山水之美对王羲之是一个永远的召唤,王羲之愤然离开官场,情况比较复杂,但与他本性爱好自然最为密不可分,崇尚徜徉于山水之间的生活,应该是他心底一直以来的夙愿,所以才会毅然告别官场。

王羲之把庄子纯哲理的理想境界人间化,诗化了。他用毛笔把老庄的人生境界带到书法中来,这就为在书法中表现自然,表现人与自然的相亲相近,表现人对自然的美的追求开拓了一条广阔之路。心与道冥的境界,也就是人与自然融合无间的境界。从此,中国的书法艺术进入了行云流水、超脱凡俗功利的美的领域。

二、笔笔精到 结构多变

文字是记录语言、传递信息、传播文化的工具和载体,而书法则是汉字的书写艺术。作为艺术品的书法,其发展趋势是追求点画形态和结体的多样化,以求艺术效果的多样与统一,使人们在实用中得到美感享受。但它不是复古,追求繁杂。王羲之在这方面最大的成就是变汉魏质朴文风为笔法精到、流畅飘逸的书体,开创了妍美流变文体的先河,使书法极具观赏价值。

与两汉、西晋相比,王羲之的书法风格有一个很明显的特点,那就是用笔很讲究,十分细腻,结构有很多的变化。

书法作为超越物象描写而洋溢精神意义的衰现载体,笔法和线条贯穿了中国书法史发展的过程。书法之妙,全在用笔。王羲之的字骨力强健,线条有力且富于弹性,并通过笔势的变化和笔锋的运转,产生丰富的变化。书法的精美在于用笔,其巧妙则在结构,在疏密、曲直、起伏中寻求变化,巧妙布白,计白当黑,呈现出浑然一体的和谐之美。梁武帝萧衍《古今书人优劣评》中形容王羲之的书法"字势雄逸,如龙跳天门,虎卧凤阙","雄逸"二字正道出了王书的精髓。"龙跳天门"体现了一种跳宕、纵逸、洒脱。王书虽然不是"走墨连绵",但是气韵内涵其中,通过字形的欹侧、俯伸,章法的跌宕布置,从而使整幅作品充满着起伏与动荡。"虎卧凤阙"又表明是沉稳、庄重、雄强,笔力遒劲,力透纸背。王书中形态的妍美与点画的力度恰好形成一种"中和美"。孙过庭《书谱》中概括得最好:"思虑通审,志气和平,不激不厉,而风规自远。"

王羲之书法之所以能在后世"范围诸家,程式百代",除了用笔矫健丰富外,张怀瓘《书断》称其妙在"研精体势",明代董其昌则进一步指出:"转左侧右,乃右军字势。所谓迹似奇而反正者,世人不能解也。""转左侧右",包世臣强调"峻落反收"用笔,章法布势上的"S"形左右摆动,内在即是转左侧右的腕运结果。在王羲之笔下,楷行草的用笔、结构、章法三者才内在地统一起来,从容练达,顾盼生姿,赋予其自然之妙,使书法成为一门真正的技进于道的艺术。

汉代的隶书将横、竖、点、撇、捺等笔画进行整理规范,并在横画上进行装饰,这就是所谓有的"蚕头雁尾"的文字美化,不过笔画的波磔写起来很费事,从整体看,文字也比较呆板。于是东汉时期正、行、草相继问世,有的得到一定程度的普及。蔡邕在隶书、张芝在草书、钟繇在正书方面都做出了卓越的贡献,他们的书法艺术都有很高的价值。王羲之以他们为师,继承和发扬了他们的优良传统,并在此基础上进一步发展创造,把书法艺术推向全新的领域,是书法

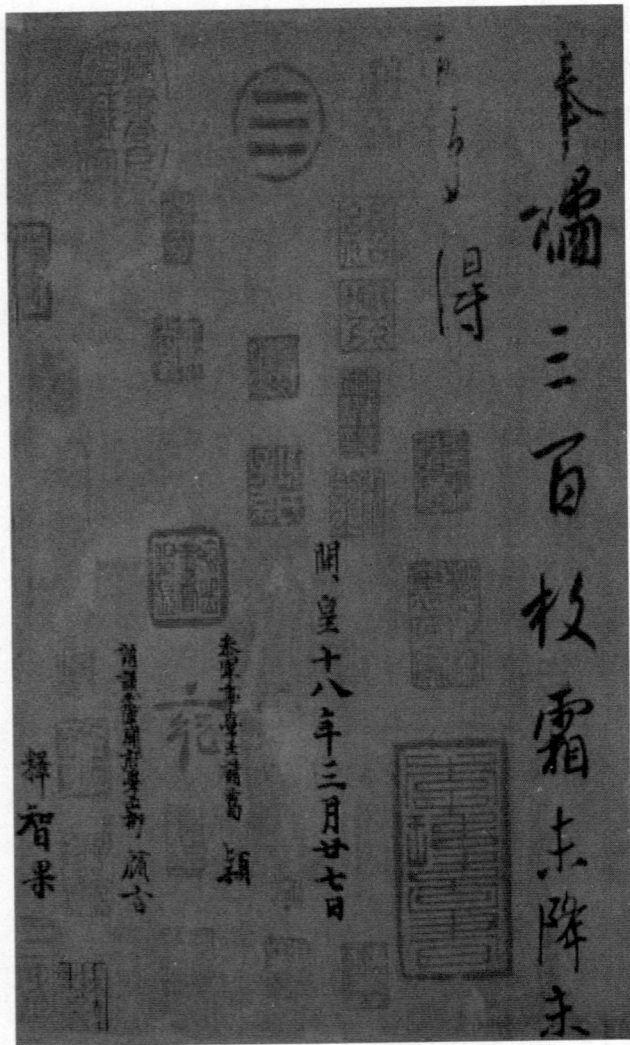

王羲之行书《奉橘帖》

史上另一座独秀高峰。

王羲之的行书骨骼清奇,点画遒美,布白巧妙,疏密相间,无论点、画、撇、捺、折、钩,都曲尽用笔之妙。《兰亭集序》中每个字都姿态各异,圆转自如,如同一篇乐章,出神入化。用曹植的诗歌"翩若惊鸿,婉若游龙,荣曜秋菊,华茂春松。仿佛兮若轻云之蔽月,飘飖兮若流风之回雪……"来形容右军书最为贴切。在天下第一行书《兰亭集序》中,王羲之更是完美了以中锋为主,间用侧锋的用笔方式,笔画之间轻盈纤细,或笔断而意连,或提笔顿挫一任自然,在艺术表现上既有道家的飘逸,又有儒家的含蓄,质朴与妍美结合,从他圆转流便的行书字体中,我们可以看到他行书中透着楷书的骨力,风格多变。

王羲之书法体现着点画的多变,结体的纵横,留白的艺术。以《奉橘帖》为例,寥寥十二个字,个个不同,有的方折,有的圆转,圭角不露,中锋、侧锋并用,笔画无处不曲泽,却宛若天成。

王羲之有一个很大的成就,那就是对古代书法创作的法度进行了一定程度的改变。以楷书为例,在隶书盛行的东汉,楷书只在民间流行。从东汉末期到西晋,由于文人士大夫的加工和提炼,形成了不同于隶书的体势,才登上了大雅之堂,成为一种趋时的书体。王羲之的楷书,如《乐毅论帖》《黄庭经帖》《孝女曹娥碑》等,庄重典雅,韵味十足。南朝智永和尚最推崇《乐毅论帖》，在《题右军〈乐毅论〉后》云："正书第一。梁世模出，天下珍之。"王羲之的楷书. 就师承关系来说，来源于钟繇。钟繇的楷书古意拙趣浓厚。保留了较多的隶意，点画多奇趣，是由隶入楷的典范。而王羲之则变"古质"为"新妍"，结构比之钟书，由横势居优变为纵势引下。将楷书的笔法、结构推入到形巧而势纵的新境界。

王羲之的今草书，在用笔和结构的变化上，都达到了极致。用笔以方折为主，斩钉截铁，干净简洁，从容不迫。点画的形与势，有偃有仰，有正有斜，或长或短，或方或圆，近乎绝技，自然天成。他发扬了章草与今草两者的优点，摒弃了两者的不足之处。今草比较狂放，一笔连贯好几个字，不容易辨认学习，但它有流畅纵逸的优点。王羲之采用连续贯通的办法，保持今草的优点。章草有较浓的隶书笔意，书写也还较繁复，故不为王羲之所取，但章草

王羲之楷书《乐毅论帖》(局部)

不像"一笔书"那样难认难学，字的个体意识强。王羲之吸收了这一优点，发扬了单字的结构美。至于章草的较多波挑，则不在所学之列。王羲之改制过的今草，流畅遒逸，与章草的字字独立巧妙地结合起来，创造了具有极高艺术性又易于普及的新体今草书体。王羲之的今草书，无论在用笔和结构上既合乎法度又富有变化："一画之间，变起伏于

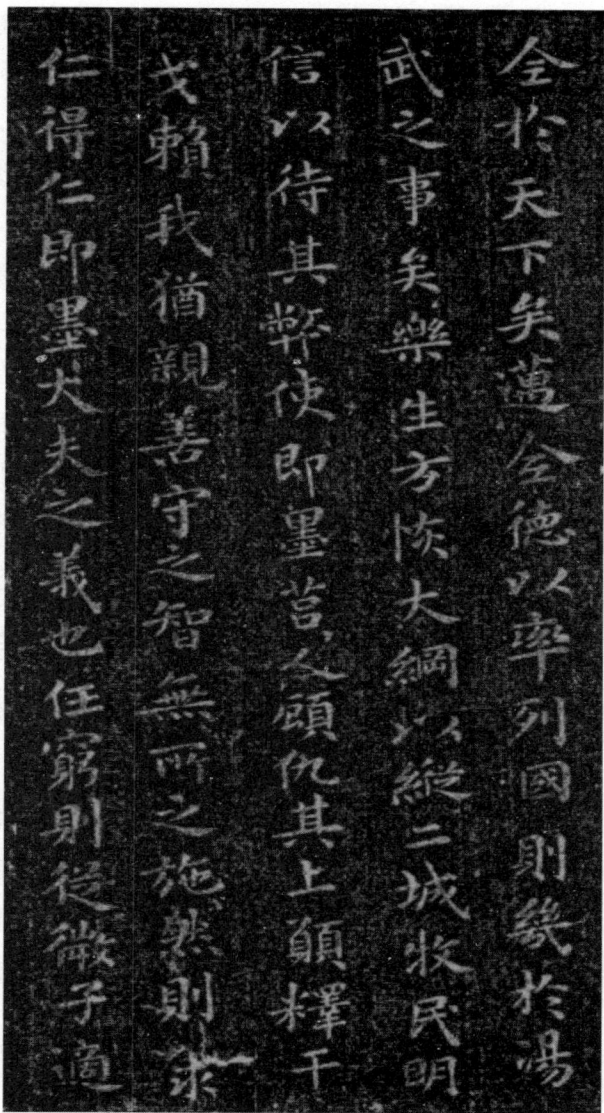

锋杪;一点之内,殊衄挫于毫芒。"

梁武帝萧衍在《草书状》中谈到运笔中的迟疾问题时指出:"疾若惊蛇之失道,迟若渌水之徘徊。缓则鸦行,急则鹊厉。……或粗或细,随态运奇。"说的是运笔的技巧要领,旨在说明在每个技巧上,都要达到适宜的状态。唐代虞世南说:"太缓而无筋,太急而无骨。横毫侧管则钝慢而肉多,竖管直锋则干枯而露骨,长者不为有余,短者不为不足。"笔的缓急、笔锋的使用,都要把握一个"度",所谓"增一分太长,短一分太短",说的就是这个道理。而书法上讲求的这个"度",就是讲求如何取法于"中",以臻于"和"。王羲之的书法蕴含了钟繇、张芝的精髓。用笔灵活,笔法丰富,外柔内刚,章法严谨,下笔干净利落。

三、魏晋风韵　性情展示

王羲之生活的时代,文学艺术的审美意识、审美理想,较以前发生了很大的转折与变化,对此,宗白华在《美学散步》一书中做了详细的分析,他说:"楚国的图案、楚辞,汉赋,六朝骈文、颜延之诗,明清瓷器,一直存到今天的刺绣和京剧的舞台服装,这是一种美,'错彩镂金、雕缋满眼'的美。汉代的铜器、陶器,晋代王羲之的书法、顾恺之的画、陶潜的诗,宋代的白瓷,这又是一种美,'初发芙蓉,自然可爱'的美。魏晋六朝是一个转变的关键,划分了两个阶段。从这个时候起,中国人的美感走到了一个新的方向,表现出一种新的美的理想,那就是认为'初发芙蓉'比之于'错彩镂金'是一种更高的美的境界。在艺术中,要着重表现自己的思想,自己的人格,而不是追求文字的雕琢。"王羲之的字,就是一种"初发芙蓉"的自然美,是他独立的自我性情表现,表现出一种美的人格理想。

魏晋时代在文艺上却表现为人的觉醒——精神上极度自由,也是最富于智慧和热情的时代。正是在这种背景下,艺术得到了发展。西晋以前的书风,就艺术风格而论,总不离古拙的作风,自东晋起,这种古拙书风为之大变,书法开始转向自觉地追求简约妍美的书风,后人将晋朝艺术特征以一"韵"字概括,可谓言简意赅。"韵",是气韵、风度。

王羲之书法创作的一个新的倾向,便是在作品中表现出字势散淡、气韵秀逸的风格,表现出晋人潇洒超逸的胸襟。王羲之的书法,无疑是他峻洁儒雅性情的展示。

东晋时代人们追求艺术的人生,"韵"成为时代的流行之语,在诗歌中、人物品藻美学中都有著述。如:"卫风韵虽不及卿诸人,倾倒处亦不近。"(《世说新语·赏誉》)"少无适俗韵,性本爱丘山。"(东晋陶渊明《归园田居》)"韵"在人物品评中,是最高的审美标准;在社交文化中,是流行的时髦用语。"韵"的思想渗透到艺术领域的各方面。书法上,气韵绝俗,风度翩翩,然而又雄强俊逸。晋人之书,是韵度与力度的统一。清代刘熙载在《艺概·书概》中说:"右军书以二语评之,曰:力屈万夫,韵高千古。"与汉代的气势磅礴、浑厚凝重相比,晋书更多的是体现一种玄静、平和。正如李泽厚在《美的历程》中说道:"两汉的五彩缤纷的世界(动的行为)让位于魏晋的五彩缤纷的人格(静的玄想)。"

同时,晋书尚"韵",与书体的发展不无关系。宗白华先生在《论〈世说新语〉和晋人的美》中有一段精彩的文字:"晋人风神潇洒,不滞于物。这优美的自由的心灵找到一种最适宜于表现他自己的艺术,这就是书法中的行草。行草艺术纯系一片神机,无法而有法,全在于下笔时点画自如,一点一拂皆有情趣,从头至尾,一气呵成。如天马行空,游行自在;又如庖丁之中肯綮,神行于虚。这种超妙的艺术,只有晋人潇洒超脱的心灵,才能心手相应,登峰造极。"从王羲之的行书作品《兰亭集序》《何如帖》等传世墨迹中,我们可以领略到宗白华先生这番精到的论析,王羲之的行草无不具有一种风韵潇洒、平和简淡之美。如从他的《平安帖》字里行间,能感到静谧、和谐、清逸之气,用笔爽利,沉着潇洒,峻岩清健,除行书字势特色之外,每行中字群的经营,字

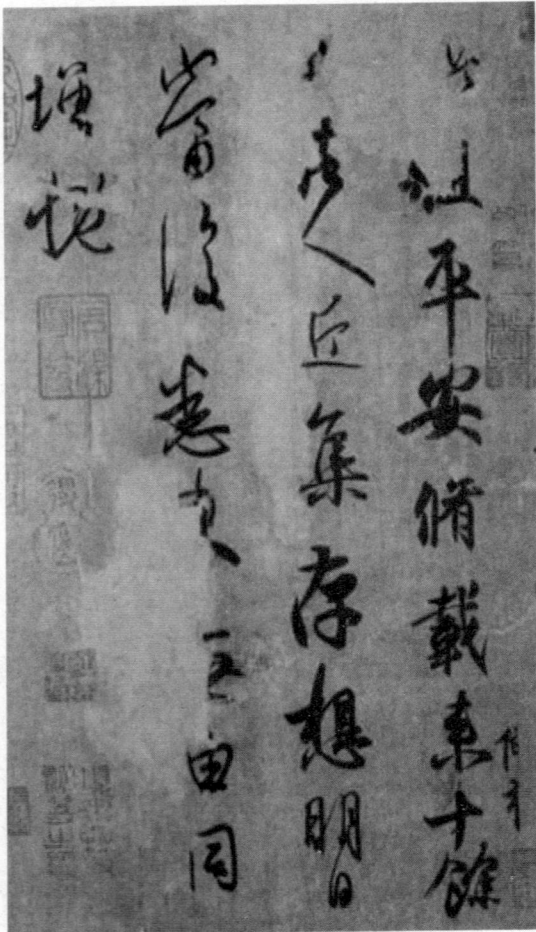

王羲之《平安帖》

形的大小,起伏波变至高峰而止的章法,更像是长袖善舞的舞者,尽情尽意。

在王羲之的书迹中,无论楷、行、草,均点画凝练,清爽有力。墨色单纯滋润,平和简淡。王书体现的是一种中和美与自然美,给欣赏者以雅洁空灵之感,这也正是晋书的"韵"味所在。位居九五之尊的唐太宗李世民对王羲之的书法顶礼膜拜,以帝王之力确立了王羲之"书圣"地位。在其《王羲之传论》中赞曰:"详察古今,研精篆素。尽善尽美,其惟王逸少乎! 玩之不觉为倦,览之莫识其端。心慕手追,此人而已。其余区区之类,何足论哉!"

不拘礼法,放浪形骸,风流潇洒,成为魏晋的一代风尚,这一时期,人的精神得到了解放,人的个性得到充分的展示。在这方面有许多例子。根据《世说新语·品藻》记载,桓温"少与殷侯齐名,尝有竞心,桓问殷:'卿何如我?'"这里的殷侯是指殷浩,殷浩回答他的是:"我与我周旋久,宁作我!"桓温走过王敦墓,叹曰:"可儿! 可儿!"他不拘泥于世俗观念,这是发自内心的声音。晋代许多名士都具有鲜明的个性,例子不胜枚举。魏晋人士自我价值的肯定、个性的解放,对文学艺术的创作起到了十分积极的作用。一个人不受有形无形的束缚,个性发挥了,人格才不受扭曲,才能发挥最大的创造性,他的作品才能不因袭前人。艺术在于创造,人的创造在某种意义上就是一种心灵的选择。

东晋名士们在国破家亡中逃离出来,心中充满了悲伤,但到了江左,进入一个相对安稳的环境,追求精神寄托,寻找哲学理论的根据就成了他们的追求。而老庄的"玄虚"正是他们所追求的,故而老庄哲学便发展兴盛起来。

他们潇洒任诞,讲究风度,追求高雅宁静的人生,流连于山水之间,投身于大自然,研习书法、音乐,享受艺术美。

魏晋书法的特色,是能尽各字的真态。"晋人结字用理,用理则从心所欲不逾矩。"中国独有的书法艺术也是中国绘画艺术的灵魂,即是从晋人的风韵中产生的。玄学使晋人的思想得到空前绝后的解放,晋人的书法是这自由的精神人格最具体最适当的艺术表现。这抽象的艺术,才能表达出晋人空灵的玄学精神和个性主义的自我价值。

作为东晋名士的王羲之,他的行为举止、心态品格自然打上了风神潇洒的印记,而风神潇洒的心灵又直接与他的书法艺术相联系。宋代朱熹在《晦庵题跋》评《十七帖》中云:"玩其笔意,从容衍裕,而气象超然,不与法缚,不求法脱。真所谓——从自己胸襟流出者。窃意书家者流,虽知其美,而未必知其所以美也。"

王羲之的书法作品之所以具有从容衍裕、气象超然、不为法拘的美,是由于这种美源发于王羲之的纯净心灵、潇洒风流、超然出尘的品性风格,这种美是从自己胸襟流出的。

王羲之用毛笔诠释着自己对世界的热爱,对艺术的追求、自我的超越,从而形成了自身的书法艺术特色,成为一代"书圣"。"书圣"之所以为"书圣",不仅仅在于书法技艺的超绝,更在于其书法作品中蕴藏着书者极深的精神内涵,比如他静思玄贤、超然物外的人生态度和虚静无为的审美意识。他以纯粹和明净的心灵去写自我,用书法艺术创作支撑起了他自由的精神世界。在他的笔下,形式美和内在美达到完美结合,由此形成汉字"形尚存,意未尽,心向往,神已驰"的美感特征。

王羲之的书法美学思想是中国书法史上的一笔宝贵财富。他对于"形""势""意""中和"等美学范畴的重视,为后世书家的创作提供了理论上的借鉴。"中和之美",作为美学原则是与道德伦理相统一的。王羲之的书法极具"中和之美",无论从字形、风格、气韵还是书法创作的角度,"中和"思想都贯穿其中。再加上历代书家对王羲之书法的"中和之美"有过很高的评价,说王羲之的书法是"中和之美"的典型也不为过。

王羲之书法不仅见重当时,后世更尊之为"书圣",载誉千年,至今不衰。王羲之的书法历来受到世人的高度评价,更因唐太宗推崇而奠定了书圣地位。唐代的欧阳询、虞世南、褚遂良、薛稷、颜真卿、柳公权,五代的杨凝式,宋代苏轼、黄庭坚、米芾、蔡襄,元代赵孟頫,明代董其昌,这些书法名家都对王羲之心悦诚服。

王羲之所追求的书法审美艺术,正是中国传统文化的审美情趣所在。"逸少自吴兴以前,诸书尤为未称,凡厥好迹,皆是向在会稽时,永和十许年中者。"①王羲之被后人誉为"书圣",这个地位也是经过了几番波折才得以确立的。古代书家被称为'书圣'的有好几位,最后只有王羲之的书圣桂冠一直保持于不坠,这是有其客观历史原因的。这里的"有其客观历史原因"也许就是我们所说的王羲之的书法艺术审美符合了中国传统文化的审美需求。直到后来初唐受到太宗李世民"尽善尽美""其余区区之类,何足论哉"的力捧,并相传把被誉为天下第一行书的《兰亭集序》带进墓葬之后,"二王"父子的行草书跨越魏晋时代而声名鹊起,成为后世书法艺术不可动摇的经典和典范,并带有神秘色彩。

王羲之书法影响了一代又一代的书家。他的书法艺术,历来评价很高。梁武帝萧衍曾说:"羲之书字势雄逸,如龙跳天门,虎卧凤阙。"唐代李嗣真在《书后品》中说他:"若草行杂体,如清风出袖,明月入怀。"出于政治统治的需要和个人的喜爱,在唐太宗的皇宫收藏中,王羲之真迹有三千六百纸,他还亲自撰写《王羲之传论》,在得到王羲之《兰亭集

---

① 〔南朝〕陶弘景:《论书启》。

序》真迹后,曾命弘文馆冯承素等人摹拓数本,分赐给皇太子、诸王近臣。元代赵子昂说:"大王字势,古法一变,其雄秀之气出于天然,故古今以为师法。"

　　王羲之一生留下了大量的书法作品,很少有书法家能在作品数量上和王羲之相比。当然,王羲之的书法作品不仅数量很多,而且大多都是精品。可惜的是,一千多年来发生了太多的战乱和朝代更替,王羲之的书法原作近乎绝迹。据唐张怀瓘《二王等书录》中记载,南朝明帝时,收集、编次的"《二王缣素书》珊瑚轴二帙二十四卷,纸书金轴二帙二十四卷,又纸书玳瑁轴五帙五十卷,并金题玉躞织成带;又扇书二卷,又纸书飞白、章草二帙十五卷,并牋檀轴,又纸书戏字一帙十二卷,并书之冠冕也"。至梁武帝收访、析装"二王书大凡七十八帙七百六十七卷"。唐代贞观十三年,皇帝下令收购装载王羲之书"大凡二千二百九十帙,装为十三帙一百二十八卷"。现在流传下来的王羲之的书法作品,基本都是历朝历代临摹、刻拓下来的。流传至今的差不多有三百余件。

第五章 天下第一行书
——《兰亭集序》

一、兰亭神理 古今第一

　　脍炙人口的《兰亭集序》是王羲之的草书代表作,是王羲之书法艺术的代名词和象征。它在中国书法史上具有显赫的地位,被誉为"天下第一行书"。后世研究者认为《兰亭集序》出神入化,随手所入,又章法卓绝,可谓神理具备,天下无双之作。

　　《兰亭集序》历来被认为是最为纯正典雅的行书范例,被历代文人书家所效法。《兰亭集序》是王羲之与朋友在悠游之余乘着酒兴用茧纸(麻纸的一种)、鼠须笔信手写成。日后王羲之想再写得好一点,然而"书百数十本无如被禊所

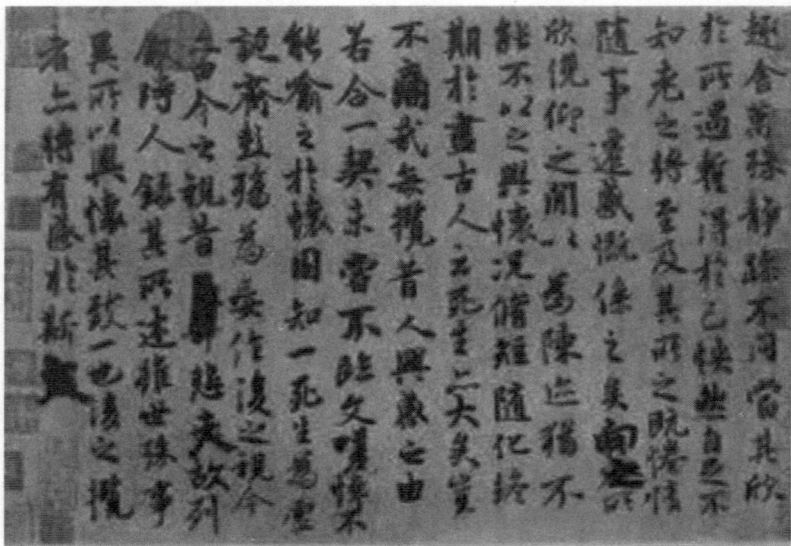

王羲之《兰亭集序》局部之一

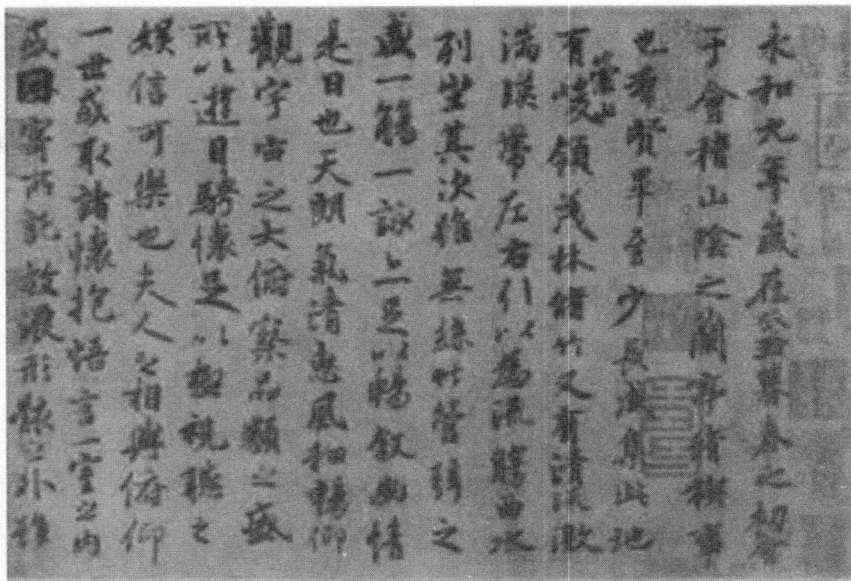

王羲之《兰亭集序》局部之二

书之者",自己也叹为不可企及。书法创作和其他文艺创作
一样,是有其偶然性的。在一特定的氛围、条件下产生的特
殊的艺术效果,有时再重复一遍很难再现原来的面貌。《兰
亭集序》是在兰亭聚会后即兴创作而成的,那时可谓是"四
美具"(即良辰、美景、赏心、乐事)、"二难并"(即嘉宾、贤
主),是最佳创作环境和心态,千载难逢,日后王羲之再重
写,所以达不到原来的艺术水准。

《兰亭集序》的别称很多:晋人称《临河序》、唐人称《兰
亭记》、宋代欧阳修称《修禊序》、蔡襄称《曲水序》、苏轼称
《兰亭文》、黄庭坚称《禊饮序》、宋高宗赵构称《禊帖》。

《兰亭集序》是王羲之自撰自书的作品,它是一篇杰出
的散文,又是一篇著名的书法作品,王羲之对此书此文颇为
得意。

唐太宗曾以他的帝王之力收集王羲之的字画,唯独没
有《兰亭集序》,根据线索,此作传说当时藏于浙江永兴寺辩
才和尚处,派萧翼前往取而得之,成了唐太宗的收藏。后来
随唐太宗一起入昭陵殉葬。

《兰亭集序》对后世影响很大,研究者很多,评价极高。

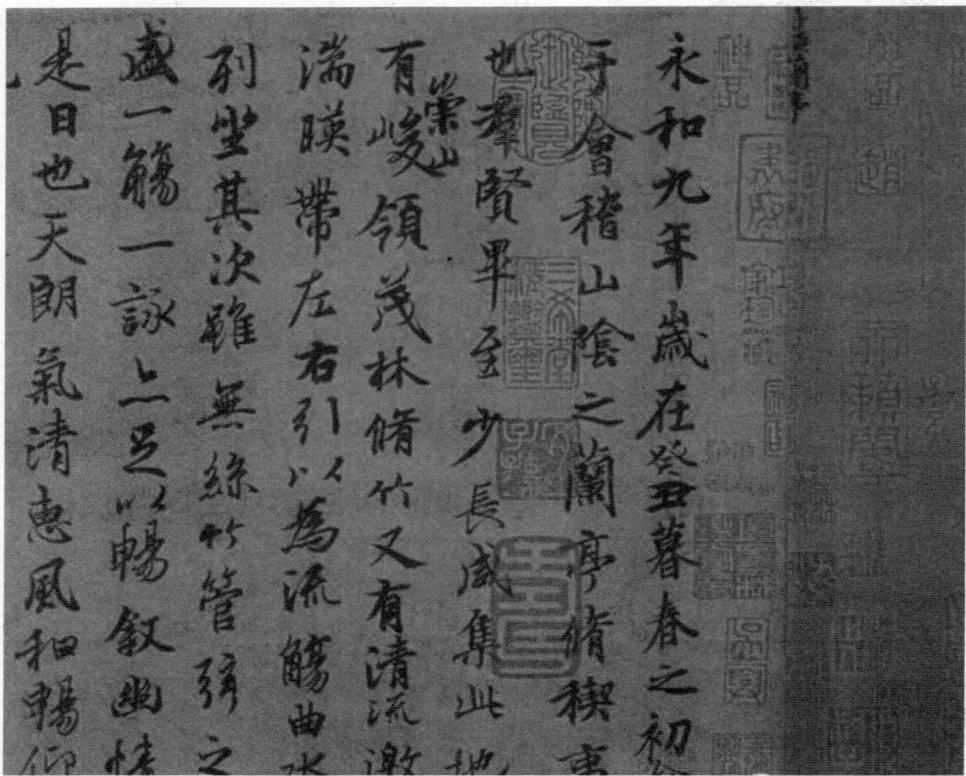

传冯承素摹王羲之《神龙本兰亭集序卷》局部高清大图之一

董其昌在《画禅室随笔》中说:"章法为古今第一,其字皆映带而生,或大或小,随手所如,皆入法则,所以为神品也。"

《兰亭集序》章法最显著的特点是纵成行,横不成行,这是考虑纵向阅读的方便,更重要的是为整体严密,避免呆板。如果纵不成行横成行,不但阅读困难,而且显得杂乱,字体也不是依框格而写的,一般上下结构的字偏长,左右结构的字偏宽,笔画少的字偏小,笔画多的字偏大。字的长短扁方书写时比较随意。梁武帝说《兰亭集序》为:"龙跳虎卧"是恰如其分的评价。《兰亭集序》字字精妙,运笔跌宕起伏,一气呵成。包世臣说:"《兰亭集序》神理,在'似敬反正,若断还连'八字。"《兰亭集序》共二十八行,三百二十四字,其中有七个"不"字,二十个"之"字形态各异,无一雷同。诚然,将同一个字写成许多形态这并不是一件难事,但王羲之为避免"状如算子""一字万同"的艺术思想,在当时

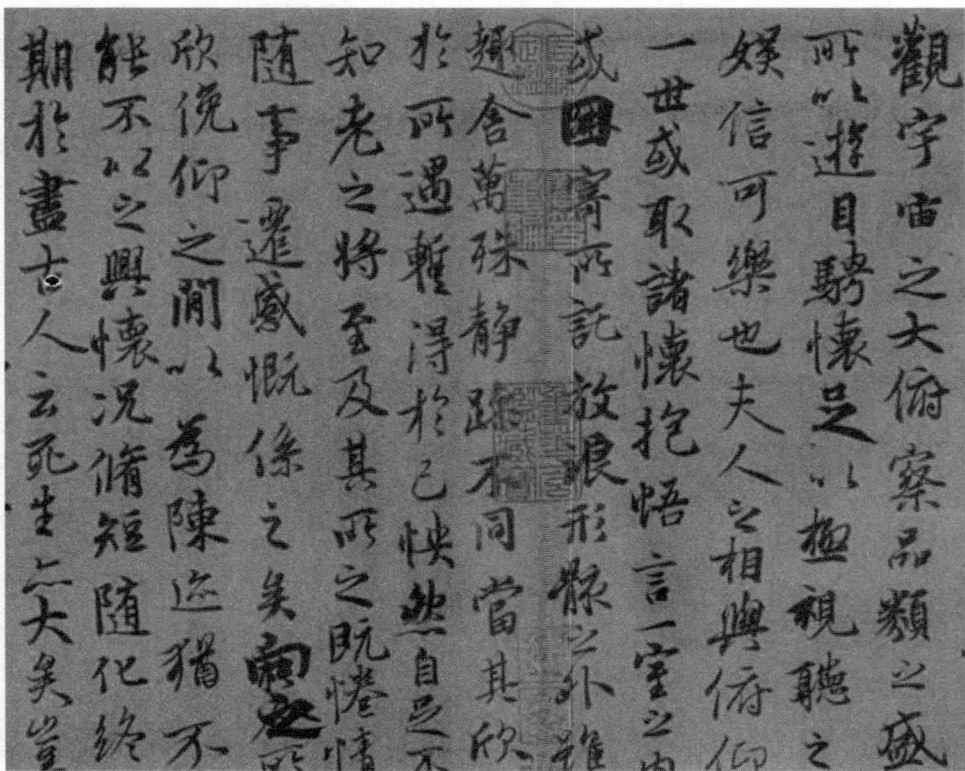

传冯承素摹王羲之《神龙本兰亭集序卷》局部高清大图之二

是难能可贵的。《兰亭集序》中的字左右顾盼，互相呼应，映带左右，长与短，粗与细，收与放，藏与露、疏与密，虚与实，变幻迷离，但万变不离其宗，这个"宗"就是形式美的法则。一幅书法作品过于统一，整齐划一，那必然刻板单调，如果是过于变化，使人眼花缭乱，也没有什么美感可言。只有既有变化又很和谐统一才能得到良好的艺术效果，给人以美感。书法作品要做到既和谐统一又富有变化，其分寸的把握极为重要。有人说："大王之《兰亭集序》字既精美，尤善布置，所谓增一分太长，亏一分太短，极有分寸，直无遗憾，变化多端，尽如人意。"

这是一篇三百余字的美文，却有二十个不同形态的"之"字。"之字最多无一似"，它像一根五光十色的线索，把一颗颗珠玑串联起来，然后编成一件精美绝伦的艺术品，让人爱不释手。文妙，字更妙。《兰亭集序》被后人誉为"千古第一行书"，可谓名副其实，它的具体特点有：

一、蕴涵着神韵之美。

二、在篇幅、布局上呈现出独到的匀称之美。

三、风格如出水芙蓉亭亭玉立。

四、清秀俊美之中又不乏险拙之美。

五、藏露相应，虚实相生，柔润中有枯劲，妍媚中藏筋骨，艳寓于清，娇寓于秀，具有含蓄的美。

六、开始笔势有抑制，至"群贤毕至"则自然如行云流水，渐渐婉转悠扬；至"夫人之相与"则疾风走石，波涛滚滚。一字之间，一画之中，也有波澜，富有节奏美。

七、从《兰亭集序》中可欣赏到王羲之那"飘如游云，矫若惊龙"的身影，仿佛可看到他那悠闲自得、随意挥洒的神情。

八、二十个"之"字神态各异，有巧、拙、稳、险、偃、仰、轻、重之别。各具风姿，相呼相应。

九、书文并茂，浑然一体。

十、不偏不倚，在各种风格的美的范畴中，优选了最佳的比例，使它显出自由而不荒诞，精熟而不急躁，道润而不伤骨，端庄流利，刚健婀娜的风貌。

顺应自然，师法造化的审美风格，使王羲之的书法"自然可观"，风神飘逸。《兰亭集序》技法纯熟，以韵相胜，落笔散藻，潇洒俊逸，既有理性法度又有感性的生动，就连字体、行距、每行字的排列都做到既严谨又不囿于常规。

二、兰亭文采　风流千古

东晋穆帝永和九年(353)三月初三，江南草长莺飞。按照当时的习俗，上巳日古人都要到水边嬉游以消除不祥，这叫"修禊"。时任右军将军、会稽内史的王羲之携家眷，邀约了朋友来到茂林修竹掩映着的兰亭，共享其时。真是群贤毕至，少长咸集。他们当中，谢安是东晋风流的主脑人物，这位在淝水之战中吟啸自若，一举击败苻坚百万之众于八公山下的传奇人物,此时正隐居于东山;孙绰当然也是众所周知的名士,他作《登天台山赋》,曾对友人说,"卿试掷地,当作金石声也",自负得有点可爱;还有一道一僧,许询和支道林,一个仙风道骨,另一个议论玄理"才藻新奇,花烂映发";王徽之爱竹,"不可一日无此君";王献之年龄最小,而谢安却十分器重,认为"小者最胜";此外,还有谢万、李充、孙统、郗昙、袁峤之等,皆为当世名士。他们前呼后拥地来到了"曲水",玩起了当时盛行的"流觞"游戏。这可能是东晋名士中最富文学意味的一次雅集。

兰亭大门入口

前不见古人,也后不见来者。面对春光烟景,大家开怀畅饮、放喉歌吟,在无拘无束轻松愉快的气氛中度过了极其难忘的一天。那一天,四十一人得诗三十七首,编为一卷,曰《兰亭集》。作为发起人,王羲之义不容辞地担当起了为诗集作序的任务。置身于大自然的无限阔达之中,王羲之感慨生命短暂,瞬时间欢乐与悲哀,以往与现实交杂迭出。于是,他挥动大笔,一口气写下了千古传颂的《兰亭集序》。

王羲之在书法史上的地位,早被人们所公认,关于他在文学方面的成就,却很少有人涉及,这也许是被他书法名声掩盖的关系。《兰亭集序》不仅是书法史上万古流传的名篇,书法史上的文化图腾,也是文学史上的一篇人生哲思不朽篇章。是年,王羲之刚过五十,人生至此,过尽千帆,身为最高地方行政长官,正处于在出、入世间的边缘徘徊时期,何去何从,王羲之在文章中发出感慨:"……不知老之将至。及其所之既倦,情随事迁,感慨系之矣。"如果说曹孟德的横槊赋诗还有壮志未酬的悲凉,竹林七贤阮籍、嵇康的诗歌存着愤世嫉俗、追慕自由的放荡,兰亭聚会名士们的雅集则是完全发自内心的、抒发情感的。忘情于宇宙山水间,在江南的名山胜水中东晋名士寻找到了久久不得的宁静,江南的山水风物给了他们抚慰和解脱,孙绰说:"名山胜水,可化心中郁结!"

山水进入士人的审美之中,这说明东晋士人内心开始追求宁静忘我的境界,而他们的字、画、诗等都与天地山水有了联系,人和自然的进一步沟通与和谐,得山水之灵气,更为洒脱、飘逸、俊秀。

魏晋风度大致经历了四个时期:魏国正始时期魏末晋初竹林七贤时期、西晋洛水优游时期和东晋咸康、永和时期。《兰亭集序》创作于东晋永和时期,经过东晋初的社会动荡,至穆帝永和时期,政权基本稳定,门阀士族经历过东迁之后,都有"风景不殊,正自有山河之异"的慨叹,失落感藏于胸中,而江南清丽无比的山水给了他们慰藉和解脱。

魏晋时由于地主阶级的壮大,大庄园的兴起和老庄学术思想的盛行,以山水为内容题材的诗、画发展起来,我国的山水画都是以魏晋为源头的。这一时期的名人雅士们不仅游山玩水,而且吟咏山水之美。如晋末宋初的谢灵运以山水为对象集中描写,运用多种艺术手法准确地捕捉大自然的各种形象,形成了鲜丽清新的艺术风格。山水诗文从晋开始发展到唐代,成为中国文苑的一大宗派。这其中不能忽视王羲之的作用。山水诗代表诗人谢灵运师承先辈谢安遗风,登山临水,并诉诸诗篇。谢安与王羲之是同时代的人,可谓莫逆之交,情谊深厚。谢灵运的山水诗受到王羲

《兰亭集序》的启迪和影响是必然的。

　　王羲之在文学方面的成就不应被忽视,他的文学作品大多见于书帖,但他的文学创作同书法创作不一样:"先干研墨,凝神静思,预想字形大小、偃仰、平直、振动,令筋脉相连,意先笔前。"他没有长篇巨著,也不像某些文学家专注于某一文体的创作,刻意求索。他与陶渊明有相似之处,"陶渊明为文不多,且若未尝经意。然其文不可以学而能,非文之难,有其胸次为难也。"王羲之似乎无意于文章,只是纯发心中之感慨而已。因为是感情的自然流露,题材也是根据需要信手拈来,不枝不蔓,或整或散,有一种"清水出芙蓉,天然去雕饰"之美。他的作品与东晋时代的玄风相比更显得清新自然,特别是山水抒情散文,在当时是很负盛名的。

　　在论析山水诗的发展时,瞿蜕园认为:"孙绰的《天台山赋》是替谢氏山水诗开了门径的启迪之作。"孙绰是东晋著名的玄言诗人,《天台山赋》是孙绰的力作,他自诩"掷地要作金石声"。《天台山赋》具有较高的艺术价值,"赤城霞起以建标,瀑布飞流以界道",意境深邃,对仗精当,不愧为名篇佳作。在当时,孙绰被称为一代"文宗"。然而开谢灵运山水诗门径的应首推王羲之。王羲之和孙绰是挚友,曾应邀参加兰亭聚会,但兰亭雅士一致推举王羲之作序,而没有请孙绰撰写,更多的原因,是王羲之为当时一流的书法名家,且身为集会的东道主,王氏家族声名显赫,王羲之本人不仅书名高,而且才华也显而易见是得到大家公认的。果然,这篇由王羲之执笔的《兰亭集序》要比《天台山赋》影响大得多。

　　《晋书·王羲之传》云:"或以潘岳《金谷诗序》方其文,羲之比于石崇,闻而甚喜。"《兰亭集序》和《与吏部郎谢万书》是王羲之文学方面的代表作。《兰亭集序》全文如下:

　　　　永和九年,岁在癸丑,暮春之初,会于会稽山
　　阴之兰亭,修禊事也。群贤毕至,少长咸集。此地
　　有崇山峻岭,茂林修竹,又有清流激湍,映带左右,

引以为流觞曲水,列坐其次。虽无丝竹管弦之盛,一觞一咏,亦足以畅叙幽情。是日也,天朗气清,惠风和畅,仰观宇宙之大,俯察品类之盛,所以游目骋怀,足以极视听之娱,信可乐也。夫人之相与,俯仰一世,或取诸怀抱,悟言一室之内,或因寄所托,放浪形骸之外。虽趣舍万殊,静躁不同,当其欣于所遇,暂得于己,快然自足,不知老之将至。及其所之既倦,情随事迁,感慨系之矣。向之所欣,俯仰之间,已为陈迹,犹不能不以之兴怀。况修短随化,终期于尽。古人云,死生亦大矣,岂不痛哉!每览昔人兴感之由,若合一契,未尝不临文嗟悼,不能喻之于怀。固知一死生为虚诞,齐彭殇为妄作,后之视今,亦由今之视昔,悲夫!故列叙时人,录其所述,虽世殊事异,所以兴怀,其致一也。后之览者,亦将有感于斯文。

《清院本十二月令图轴》中描绘人们三月在水边饮酒赋诗的场景

这篇文章首先交代了时间地点,接着写集会的原委,即修禊事。古代每年的农历的三月上旬巳日为修禊日,魏以后改在三月三日为修禊日。修禊是古代一种风俗,人们聚集在河边溪旁借水消除灾祸，以求得吉祥。所有参加聚会的人都是当时的名流雅士，"群贤毕至，少长咸集"，"毕至"和"咸集"意思相近，一义重复，加强了聚会的人的隆重感，读之也朗朗上口，节奏悠扬。

第二段介绍聚会地点——兰亭周围的宜人自然风光。这儿有崇山峻岭，茂密的森林、修长的翠竹。清澈的小溪奔流向前，它像玉色的带子一样，环绕左右。将酒杯放入曲曲弯弯的水道，人们在曲水旁"列坐其次"，酒杯停在谁的面前谁就饮酒赋诗。当时虽然没有乐器演奏助兴，也足以使人有畅叙幽远的情怀，其乐无穷。

这一天"天朗气清"，春风徐徐，令人心情舒畅。这时由天气联系到广袤的宇宙，俯察世间万物，就显得非常渺小了。放眼世界，畅怀遇想，耳目舒畅，实在是一件令人高兴的事。陶醉于大自然之中，俯仰之间度过一生。人生短暂，与其蝇营狗苟，为眼前利益而焦虑，何不寄情大自然的山水，旷达不拘，超越自我？自宇宙而观之，人在其中何其渺小，一生欢喜忧愁转眼为陈迹，怎能不心怀感伤。生命长短由造化而定。这里引了一句孔子的话"死生亦大矣"，死生也是件大事。时光飞逝，"岂不痛哉"，言外之意是说人生要有所作为。

最后一段，发表自己的观点：每当我们看到古人对人生的感叹，原因几乎与自己完全契合，没有一次不对他们的文章而感叹悲伤。庄子把死与生看成一样，是虚无荒诞的。将八百岁寿终的彭祖和夭折的孩子等量齐观也是谬妄之论。后代人看待我们今天，犹如我们看待古人，如果后人重蹈覆辙，岂不可悲！所以将参加兰亭聚会的人的诗作，记录、汇集起来有着积极的意义。虽然以后时代不同，事情也有变化，但借此可以让后世的读者对这些诗文抒发自己的感想。

这篇序言在一定程度上体现了王羲之的思想观点、志向和对人生的基本态度。《晋书·王羲之传》认为："羲之自为之序以申其志。"文章从兰亭聚会的时间、地点写到周围的秀丽风光,联想到人生、历史、宇宙,生命短暂,宇宙浩渺,他认为要在有生之年做出自己的贡献,"死生亦大矣,岂不痛哉!"王羲之在此给人以生命意义的启发,在无限的时空中,今人、古人都将成为陈迹,所以要珍视流年。"后之览者,亦将有感于斯文",将来的人们读到我这篇文章大概也会心有所感吧。

文章脉络清晰,顺理成章,逻辑性强,没有虚浮雕琢的痕迹。这篇散文叙事、写景和说明,一切都围绕着兰亭聚会进行。由兰亭聚会的目的引发出议论,发表了作者对人生的思考,有玄理的意味,但又不是虚妄空谈;因美好时光的短暂,而引发作者对宇宙观念和时空观念的思考。《兰亭集序》这种由某一事物引发议论构成了后来的游记范例,开拓了游记文体的先河,提供了序言文体的范式。

吴楚材、吴调侯在《古文观止》中评论《兰亭集序》时认为,通篇着眼在"死""生"二字。只为当时士大夫务清谈,鲜效实,一生死而齐彭殇,无经济大略,故触景兴怀,俯仰若有余痛。但逸少旷达人,故苍凉悲慨之中,自有无穷逸趣。

作者在放情山水的同时,"感慨系之",倾吐自己的肺腑之言。余嘉锡曾说:"右军亦深于情者。读《兰亭集序》足以知其怀抱。"《兰亭集序》描述有虚有实,虚实结合,使文章既有空灵的意韵又实在可信,它创造了序言散文化的形式。其描写和叙述性语言都十分质朴,平和。它情理并茂,在言理时伴有感伤情绪和伤逝之感,摆脱了纯粹的玄言体。这种前为写景、后为言理的形式对后来的理趣散文产生了较大的影响。

王羲之另有一篇《与吏部郎谢万书》存世。以前总是仅仅将它作为研究东晋衰败的重要文献,其实它也是一个文字简约、语言质朴,很有特色的文学作品。有人认为它是由晋初潘岳《闲居赋》的繁,到晋末陶渊明《归去来赋》的恬淡自然,带有关键性转折的一环,在田园诗文发展中起过重要在兰亭聚会,流觞曲水之间,王羲之另有赋诗两首。"流觞曲水"的具体方式是酒杯随曲水流到谁的跟前,谁就取饮并赋诗一首,不赋者罚酒三斗。其中有二十六人即席赋诗。

王羲之的《兰亭诗》第一首是:

> 代谢鳞次,忽焉以周。欣此暮春,和气载柔。
>
> 咏彼舞雩,异世同流。乃携齐契,散怀一丘。

这首诗写暮春之际微风轻柔,欣然聚会,令人喜悦,他将参加兰亭修禊的人与孔子相提并论,归为志趣相同的一类人物。"咏彼舞雩,异世同流",抒发了诗人及与会者愉情山水的感慨与情怀。在聚会人中,作为年长官高的东道主王羲之兴致勃发,首先赋诗,所以情调比较高昂。《兰亭集诗》两首都是即席而作,随后便开始构思自己的诗作,所以第二首作者在写作上时间也就比较充裕了。他主要写自己,直抒胸怀,侧重于对天道与现实的思考,调子比较低沉。第二首诗比较长,可分为五章。

一

> 悠悠大象运,轮转无停际。
>
> 陶化非吾因,去来非吾制。
>
> 宗统竟安在?即顺理自泰。
>
> 有心未能悟,适足缠利害。
>
> 未若任所遇,逍遥良辰会。

二

> 三春启群品,寄畅在所因。
>
> 仰望碧天际,俯瞰绿水滨。
>
> 寥朗无涯观,寓目理自陈。
>
> 大矣造化功,万殊靡不均。
>
> 群籁虽参差,适我无非亲。

三

猗与二三子,莫匪齐所托。

造真探玄根,涉世若过客。

前识非所期,虚室是我宅。

远想千载外,何必谢曩昔。

相与无相与,形骸自脱落。

四

鉴明去尘垢,止则鄙吝生。

体之固未易,三觞解天刑。

方寸无停主,矜伐将自平。

虽无丝与竹,玄泉有清声。

虽无啸与歌,咏言有余馨。

取乐在一朝,寄之齐千龄。

五

合散固其常,修短定无始。

造新不暂停,一往不再起。

于今为神奇,信宿同尘滓。

谁能无此慨,散之在推理。

言立同不朽,河清非所俟。

逝者如斯,悠悠宇宙永不休止地循回轮转,自然界的陶冶育化不是以人的意志为转移的,是什么力量能使宇宙万物永恒存在呢?作者不能回答这个玄妙难测的问题,表现出一种困惑和无可奈何的情绪。面对宇宙、历史,人们只有顺乎自然,对于富贵荣辱全然不加考虑,泰然处之,无欲无求。时间稍纵即逝,面对良辰会聚,应该纵情欢乐,逍遥自得。

春天万物萌生,自然美景尽收眼底,自然界是那样的均衡和谐、合理,使人们各得其所,各愉其意,实在很奇妙。第二首诗的第一、二章仍是借景抒情,第三章是说参加宴集的名人高士都把玄理作为精神寄托,所谓前人的远见卓识都是违背"自然"原则的,清心寡欲是我们的追求,这次宴游好似得道者交往,忘却了荣辱得失,超越了自我,摆脱了世俗观念而飘入了仙境。

第四章是说尘俗的烦恼难以忘怀,除非醉酒以后才会解除杂念的桎梏。只有在这时候内心的庸俗杂念才不会停留,矜持自负之心才能平息。兰亭虽无音乐,但大家饮酒赋诗,抒发情怀,超世脱俗,一朝取乐,犹如度过千载一样忘却烦恼。

第五章是全诗的最后一章,主要是析理,用道家思想解释自然和人生。人生的生死聚散、寿命长短是自然界运动变化的规律,按照道家的观点,生命是无所谓始,无所谓终的,生和死是一种形态变为另一种形态而已。兰亭诗词藻并不华美,很少追求诗的意境,诗中阐述的是老庄的玄学哲理,故被后人称之为玄言诗。诗人在政治上碰壁以后思想困惑苦闷,借玄理来排遣,他感叹生命短促,诗歌充满对生命的思考,在玄理中寻求精神寄托。

兰亭诗是山水诗的雏形,说明当时的山水审美意识已经有了发展,为以后的山水诗,山水画构架奠定了基础。兰亭诗还带有玄言诗的痕迹,但语言已经平和,投入有王羲之真实的思想感情。与至亲好友雅集、相会是件其乐无穷的事,在王羲之的信函中常可看到与友人相约会见的内容,如:"末秋初冬,必思与诸君一佳集。云卿当来居此,喜迟不可言,想必果,言若有期耳,亦度卿当不居京。此既僻,又节气佳,是以欣卿来也。"

王羲之的书名太高,遮蔽了他的文名,如果说唐代张若虚的《春江花月夜》"孤篇压倒全唐",那么单以文学价值而言,《兰亭集序》一篇散文也足以在两汉魏晋南北朝文学史上占有重要地位而不朽了!

三、历代摹拓　兰亭遗芳

兰亭位于绍兴市区西南十三公里的兰渚山麓，以春秋末期越王勾践在此种兰花，汉代设置驿亭而得名。自从东晋永和九年（353）王羲之在此邀请挚友聚会并写下天下第一行书《兰亭集序》后，兰亭名声大噪，历代书法家对《兰亭集序》赞誉摹写，其拓本更是历代不衰，影响深远。

柯九思本《定武兰亭》局部

关于《兰亭集序》的流传情况，唐代刘餗《隋唐嘉话》有这样的记述：王右军《兰亭（集）序》，梁乱出在外，陈天嘉中为僧永所得。至太建中，献之（陈）宣帝。隋平陈日，或以献晋王（隋炀帝），王不之宝，后僧果从帝借拓。及登极，竟未从索。果师死后，弟子僧辩才得之。太宗为秦王日，见拓本惊喜，乃贵价市大王书，《兰亭》终不至焉。及知在辩师处，使萧翊（翼）就越州求得之（一作"乃遣问辩才大师，欧阳询就越州求得之"），以武德四年入秦府。贞观十年，乃拓十本以赐近臣。帝崩，中书令褚遂良奏："《兰亭》，先帝所重，不可留。"遂秘葬于昭陵。

《兰亭集序》摹本，我们现在见到最好的版本是唐代书法家虞世南、褚遂良、冯承素的临本，以及定武刻本，当然还有些其他的好本子，正如古人所说"兰亭无下拓"，这是比较

吴炳本《定武兰亭集序》（局部）

而言的。《兰亭集序》传本分为墨本和拓本两类。墨本是临摹本,唐代复制的方法是双钩填墨,优点是接近原帖,缺点是费时,数量少。宋代复制渐渐以刻石传拓,拓本就是将刻在石头或木板上的文字用纸墨捶拓。相传在唐代或者更早些的时候,就出现了《兰亭集序》拓本,现今最早的拓本丛帖是《淳化阁帖》,宋太宗赵光义淳化三年(992)命翰林侍书王著编刻。

独孤僧本《定武兰亭集序》局部

唐代临摹《兰亭集序》的方法在宋代以后渐被刻石拓本代替,南宋时《兰亭集序》的翻刻和收藏更成为一种风气,甚至出现"自南渡后士大夫家刻一本"之说。宋代帝王热衷收藏王羲之的书法,宋真宗、仁宗、徽宗、高宗及南宋皇帝皆好《兰亭集序》,并有临摹,影响了有宋一代书风。文人士大夫对《兰亭集序》大力推崇,收藏和翻刻了各种临本,并写下了大量的诗歌和题跋文字。现存的宋代拓本极其稀少,著名的拓本有吴炳本《定武兰亭》、赵子昂十三跋的独孤僧本《定武兰亭》、宋丞相游似所藏薛绍彭重摹《兰亭集序》、宣城本《兰亭集序》、春草堂本《兰亭集序》、勾氏本《兰亭集序》、御府令字从山本《兰亭集序》等,众多拓本昭示了王羲之的《兰亭集序》已经衍生为一种兰亭文化。

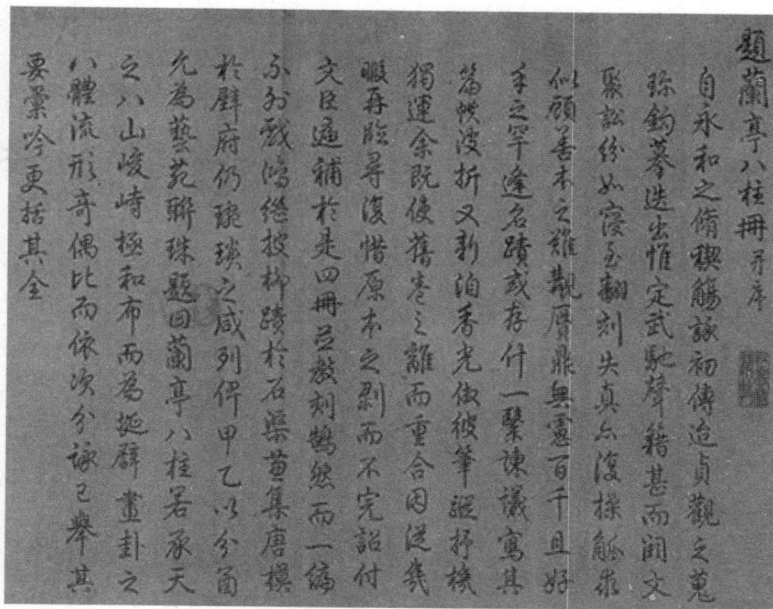

乾隆题《兰亭八柱册》局部

　　明清两代帝王更是推崇《兰亭集序》,明清时期丛帖中镌刻的《兰亭集序》,对宋拓版本的缺失也起了资料弥补作用。清代乾隆皇帝爱好书法艺术,尤其对王羲之的《兰亭集序》十分喜爱,并对文人雅士游兴会稽兰亭雅集非常向往。于是,他命人从内务府的藏帖中,尽搜历代名家所摹写的《兰亭集序》,汇集成唐摹本和明清八帖,镌刻成《兰亭八柱帖》,然后请天下名匠将它们分别镌刻在兰亭的八根柱子上。

　　书法及历代兰亭诗文,书法与诗文相辉映,历经二百余年,流传至今。其中,第一根石柱上所刻,乃是唐初书法家虞世南的临摹书迹;第二根石柱上所刻的,为唐代书法家褚遂良的临摹书迹;第三根石柱上所刻,则是冯承素的临摹书迹;第四根石柱上,刻的是唐宋八大家之一的柳宗元所写《兰亭诗》书迹;第五根石柱上,刻的是唐代楷书大家柳公权所写的《兰亭诗》原本;第六根石柱上,刻的是清朝大学士于敏中补戏鸿堂刻柳公权的兰亭阙文;第七根石柱上,刻的是明代著名书画家董其昌所写的《兰亭诗》;第八根石柱上,刻的则是乾隆皇帝御笔临摹董其昌所写的《兰亭诗》书迹。

第六章　王羲之书法作品赏析

　　王羲之是我国书法史上"古今莫二"的"书圣"，他的书法艺术达到了冠绝古今、登峰造极的水平。王羲之的书法博涉多优，精于多种书体。欧阳询曾下过这样结论："尽妙穷神，作范垂代，腾芳飞誉，冠绝古今，惟右军王逸少一人而已。"

　　王羲之不仅创造了妍美流便的书体，而且是一位多产的书法家，他一生创作了大量的书法作品，其中最被尊崇的有自撰自书的《兰亭集序》和抄写的古代文论、经文，如《东方朔画赞》《乐毅论帖》《黄庭经帖》等。此外，他的尺牍书占了很大比例。根据褚遂良撰《右军书目》统计，正书五卷四十帖，草（行）书有五十八卷二百六十余帖；据《右军书记》著录有四百余帖。就编辑入卷的作品数量而言，在历代书家中是不多见的。由于天灾人祸被毁以及殉葬的作品还不在其内，其作品的总数远远超过上述的统计数字。

　　《晋书·王羲之传》说他"尤善隶书"。这里所说的隶书实际上是指正书和楷书。南朝宋羊欣认为王羲之"博精群法，特善草隶"。唐张怀瓘《书议》分"真书""行书""章书""草书"四门，然后将历代书法家视其擅长列入其中。在上述四门中都列有王羲之。历代评论家总是根据他本人的见识和审美观点来鉴定书家作品，众说不尽相同。综合上说，再根据传世书作，王羲之精熟楷、行、草书体，并将这三种书体提高到崭新的水平，为学术界所公认。

　　我们现在所见的王羲之的书法作品几乎全非真迹，都是响拓勾摹本或别人的临本。这给我们研究王羲之的书法艺术带来很大的困难。不过古人留下的勾摹本、临本,不少是出于高手和著名书家,很多书作保留了王羲之原作的基本面貌,使我们基本可以一窥王羲之书法的风采。

一、楷书代表作品

社会向前发展,字体也相应改变,受实用性的影响,文字有由繁到简变化的规律。演变的方向,是删繁就简,趋于快速实用。这样的演变通常自发而起,经高门大族杰出书家的锤炼升华,最终汇成主流。王羲之便是其中的代表。

相对于钟繇来说,王羲之的楷书,是一种新体,而且具备妍美流畅的特征。在王羲之的笔下,楷书不复再有隶书痕迹。可以说,楷书至王羲之进入成熟期。代表作品有《乐毅论帖》《黄庭经帖》《东方朔画赞》等。

1.《乐毅论帖》

《乐毅论帖》,拓本,小楷,论文一则。44 行。唐褚遂良谓其"笔势精妙,备尽楷则",列为王羲之正书第一。南朝陶弘景说:"右军名迹,合有数首:《黄庭经》《曹娥碑》《乐毅论》是也。"《乐毅论》是三国时期夏侯玄撰写的一篇文章,文中论述的是战国时代燕国名将乐毅及其征讨各国之事。传说王羲之抄写这篇文章是付其子官奴的,有人考证官奴即王献之。

《乐毅论帖》创作于东晋穆帝永和四年(348),是王羲之抄写古文的得意之作,被誉为"王书之冠",原帖早佚。一说唐时为太平公主自内府写出,及籍其家,遇战乱使咸阳老妪投于灶中焚烧;一说唐太宗所收右军书皆有真迹,唯此帖为石本。其后随葬入昭陵,后来陵墓为温韬所发,此石已破裂。后至北宋为高绅所得,并以铁束之。后毁于火,末行仅有"海"字,因而拓本称为"海字本",其石不知存亡。今传《乐毅论帖》,皆摹本也。现存世刻本有多种,以《越州石氏帖》和《秘阁本》为著。其中越州石氏本拓本《乐毅论帖》收藏于日本东京国立博物馆,此帖天头、地脚基本齐平,稍有

全於天下矣邁令德以寧列國則幾於湯
武之事矣樂生方恢大綱以縱二城牧民明
信以待其弊使即墨莒人顧仇其上願釋干
戈賴我猶親善守之智無所之施然則求
仁得仁即墨大夫之義也任窮則從微子適

王羲之《乐毅论帖》刻帖本局部

参差,纵画垂直,横画略显右耸,字体有长方、正方、扁方,随字而变但不失匀称,严谨中有变化。

唐代的楷书法度严峻,就是受到了王羲之的影响。《乐毅论帖》大多以中锋行笔写出,顿挫分明,冲融雅致,字体方圆周正,毫无造作之态,留意运工,特尽神妙。为简峻的唐楷开了先河,是学习正书的范本。

2.《黄庭经帖》

《黄庭经帖》,拓本,小楷,经文一则,100 行,竖 22.7 厘米。此帖其法极严,其气亦逸,有秀美开朗之意态。《黄庭经帖》传为王羲之永和十二年(356)所书,褚遂良《晋右将军羲之书目》有著录。我们今天所见的《黄庭经帖》是后人的临本和刻本,真迹早已不复存在。传说山阴有一道士,欲得王羲之书法,知其爱鹅成癖,所以特地准备了一笼又肥又大的白鹅,作为写经的报酬。王羲之见鹅欣然为道士写了半天的经文,高兴地"笼鹅而归"。原文载于南朝《论书表》,文中叙说王羲之所书为《道》《德》之经,后因传之再三,就变成了《黄庭经帖》,因此,又俗称《换鹅帖》,无款,末署"永和十二年五月",现在留传的只是后世的摹刻本。

《黄庭经帖》刻石,被后人奉为小楷上品。经唐代褚遂良于《右军书目》中列为楷书第二,于是摹刻本众多,而刻石与今所见王羲之的其他书作笔法有异,故有真伪之辨。不过,因为它名气太大,且笔致清劲和婉,结体端秀雍容,颇有大家气派,故有诸多名家临本传世,如智永、欧阳询、虞世南、褚遂良、赵孟頫等,他们均从中探究王书的路数,得到美的启示。

整幅作品非常注重笔势的藏与露,字体圆润肥厚的同时重视对势的取舍,展现出丰满的姿态。用笔横画稍稍提起,捺笔曳带健朗,凝浑而资质洒脱。虽属小楷,通篇错落自然,绝无布棋算子之弊,可谓劲气内涵,风姿英挺。在字体上有较明显的左轻右重的现象,形成欹侧之势,左撇、左竖的左半字较细短,右捺右竖的右半字较细长,字形婀娜多

黄庭經

上有黄庭下關元後有幽闕前有命門　　
呼吸廬外出入
丹田審能行之可長存黄庭中人衣朱衣關門壯蘥
盍兩扉幽關俠之髙魏〜丹田之中精氣㣲玉池清水上
生㕹靈根堅志不衰中池有士服赤朱横下三寸神所居
中外相距重閈之神廬之中務脩治玄雍氣管受精持
急固子精以自持宅中有士常衣絳子能見之可不病横
理長尺約其上子能守之可無恙呼嗡廬閈以自償保守

王羲之《黄庭经帖》刻帖本局部

姿具有运动感。用笔舒展,颇有"今意"。每个字并不规整划一,字的大小悬殊比《乐毅论帖》大,这样便构成了字与字之间的形态对比,给人一种节奏感。纵行清晰,但无横列,字与字之间的联结错落有致,书写比较自由,如行云流水,轻灵飘逸。从章法结字和用笔上讲都富有变化,但又很和谐统一。骨肉兼备,刚柔相济,质朴秀美,丰腴含蕴,后人常将它作为小楷范本学习,故有"初学黄庭恰到好处"之说。

《黄庭经》是魏晋时期流传的道家养生修炼之书。此书分《内景经》和《外景经》。《外景经》在东晋葛洪《抱朴子》中有著录。南朝陶弘景《论书启》云:"逸少有名之迹,不过数首,《黄庭》《劝进》《像赞》《洛神》,此等不审犹得存否?"由此可知南朝时将《黄庭经帖》作为王羲之的重要作品。

《黄庭经帖》的艺术成就历代评价很高,唐代柳宗元《笔精赋》云:"水散幽纵,《黄庭经》宗之是也。"唐代卢携《临池诀》云:"或藏或露,状类不同。"清代梁巘《承晋斋积闻录》云:"《黄庭经》字圆厚古茂,多似钟繇,而又偏侧取势,以出丰姿。"

3.《东方朔画赞》

《东方朔画赞》,书于永和十二年(356),又称《像赞》《画赞》,是王羲之小楷书名作。南朝陶弘景在《论书启》中曾提及此作。褚遂良在《右军书目》中著录王羲之书迹,将此帖列为正书第三卷。

《东方朔画赞》原文作者是西晋夏侯湛,内容是赞美西汉辞赋家东方朔。王羲之在写这件小楷作品时前面脱字较多,文末款字"永和十二年五月十三日书与王敬仁",王敬仁即东晋书法家王修。此小楷刻帖,笔画遒劲,风格端庄,布局前密后疏。清代包世臣《安吴论书》在评论南唐所刻的《东方朔画赞》时认为:"一望惟见其气充满,而势俊逸,逐字逐画衡以近世体势,几不辨为何字,盖其笔力惊绝,能使点画荡漾空际,回互成趣。"清代冯武的《书法正传》则说:"《东方朔画赞》,笔圆静而劲,肥瘦得中。"

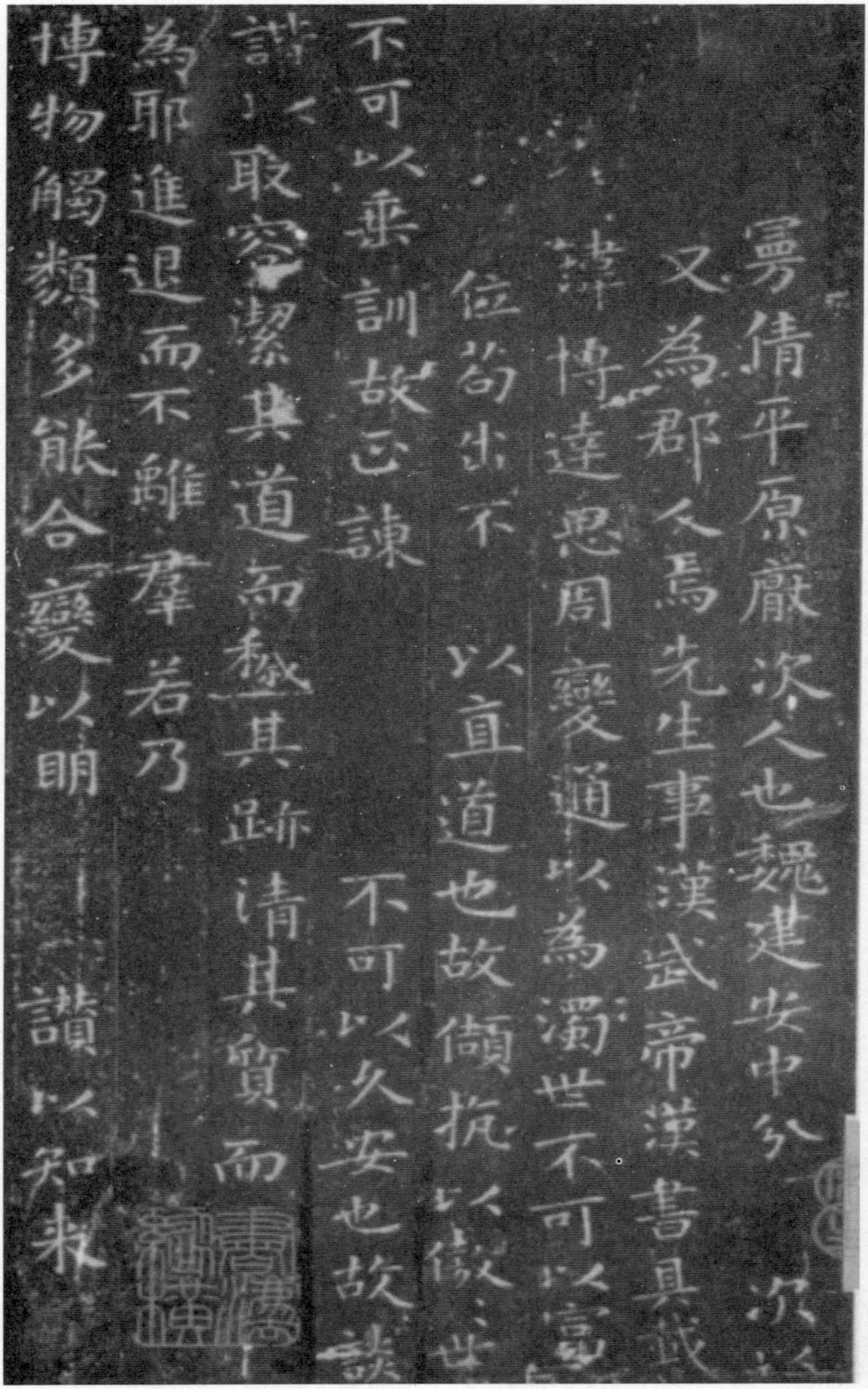

博物觸類多能合變以明

為耶進退而不離摩若乃

詩取容潔其道而黺其跡清其質而

不可以乘訓故忘諫

位苟出不以直道也故傾抗以傲世

韓博達思周變通以為濁世不可以富

又為郡人焉先生事漢武帝漢書具武

霄倩平原厭次人也魏建安中分

不可以久安也故誅

讚以知來

王羲之《东方朔画赞》刻帖本局部

从以上王羲之的楷书作品可以看出,到东晋王羲之的手中,楷书已"俱变古形",他对今体楷书的定型做出了积极贡献。钟繇的楷书还具有浓厚的隶书笔意,特别是汉末、三国时期的隶书中那种着意翻挑、飞扬的笔势,在他的楷书里十分明显。但是,这种翻挑与飞扬的笔势,在王羲之的楷书里不见了,代之以回锋收笔、规整匀称的笔势。王羲之的用笔,一改钟书的隶笔起止,在起笔处有挫衄的按笔动作,多以方笔入纸;而收笔处不着意折笔重按,而是轻提回带;在运笔速度上是缓前急后;在笔画形态上求其匀整紧凑,势如列阵。经过这样的改造,楷书字体在王羲之手里,笔画之间的配置关系基本确立,结体变横张为纵展,规整劲健,雍容尔雅,仪态大方。这种书体风格用笔更加简练,去除了隶意,加强纵向笔势的扩张,书法创作从古质走向了新妍。

二、行书代表作品

行书是介于楷书与草书之间的一种书体。有人说它是楷书的连笔字。不真不草,没有特殊的规定,书写时随意运笔,从容不迫,是一种最自由、最流便的书体,直到现在人们都在广泛使用。

行书,钟繇谓之"行押书",有口诀认为:"行笔而不停,著纸而不刻,轻转而重按,若水流云行,无少间断,永存乎生意也。"行书早在汉代就在民间流传,早期的行书如今在简牍文书中还可以见到,行书是隶书实用书写逐渐发展而成的。行书,相传为后汉刘德升所创。刘德升,字君嗣,颍川人(今河南禹县),恒灵之时以造书著名,虽已早创,亦丰妍美,风流婉约,独步当时。根据西晋卫恒《四体书势》记载:"(三国)魏初有钟、胡二家为行书法,俱学之于刘德升。"刘德升的学生钟繇、胡昭后来都有很高的名望,他们为行书立法是很有权威性的,受到当时士大夫的重视。原先仅在民间流行的行书经过专家们的加工整理和提倡,正式与篆、隶、楷三种书体并列,登上了大雅之堂。

王羲之行书的笔画体态有一种生动的欹侧之势:"纵不复端正者,爽爽有一种风气。"字与字之间有如唐太宗所形容的"烟霏露结"的映带关系,即所谓"状若断而还连"。将草书引入行书,行书、草书相间是王羲之行书的新特点,他的代表作除"天下第一行书"《兰亭集序》外,还有《姨母帖》《丧乱帖》《快雪时晴帖》《平安帖》《何如帖》《奉橘帖》《孔侍中帖》等,均为唐代摹本。

1.《姨母帖》

《姨母帖》,唐摹本,行书,6 行,共 42 字,即:"十一月十三日,羲之顿首、顿首。顷遭姨母哀,哀痛摧剥,情不自胜。奈何、奈何!因反惨塞,不次。王羲之顿首、顿首。"此帖为《万岁通天帖》从帖的第一帖。唐武则天万岁通天二年(697),王氏家族后裔王方庆上进武则天王氏一门书翰十通,包括王羲之、王荟、王徽之、王献之、王慈、王志等七人共十帖。武则天命以真迹为蓝本,用勾填法临摹,留存府内,通称《万岁通天帖》。原本赐还,后散佚,摹本现藏于辽宁博物馆。

《姨母帖》风格古朴,勾填技术极其精妙,可谓"下真迹一等"。董其昌曾称此帖"奕奕生动,并其用墨之意一一备具,王氏家风漏泄殆尽"。现存王羲之的字面貌不尽相同,大凡有流便和古质两种,《姨母帖》属于后者。杨守敏说:"观此一帖,右军亦以古拙胜,知不专尚姿致。"帖中文字虽属行楷书体,但书法中还留有隶书遗意,笔法端庄凝重,笔锋圆浑遒劲,整体风格厚实凝重。博涉多优,兼取众美。王羲之在《姨母帖》中吸取了前人丰富的优点,尤其是对张芝、钟繇的书法,他吸取的最多,改造的也最多。他学张芝,克服了章草字字不连的停留,而浓纤折中。在《姨母帖》中我们可以看出许多隶意与章草的笔意。如"一""十""痛"等字中的横画,隶书的笔意都很明显;"痛""日""何"等字的转折处都较生拗峭拔,并残存横式。他学钟繇,增减骨肉,强化润色与婉态妍华。这些都是可以在这件作品中直接感

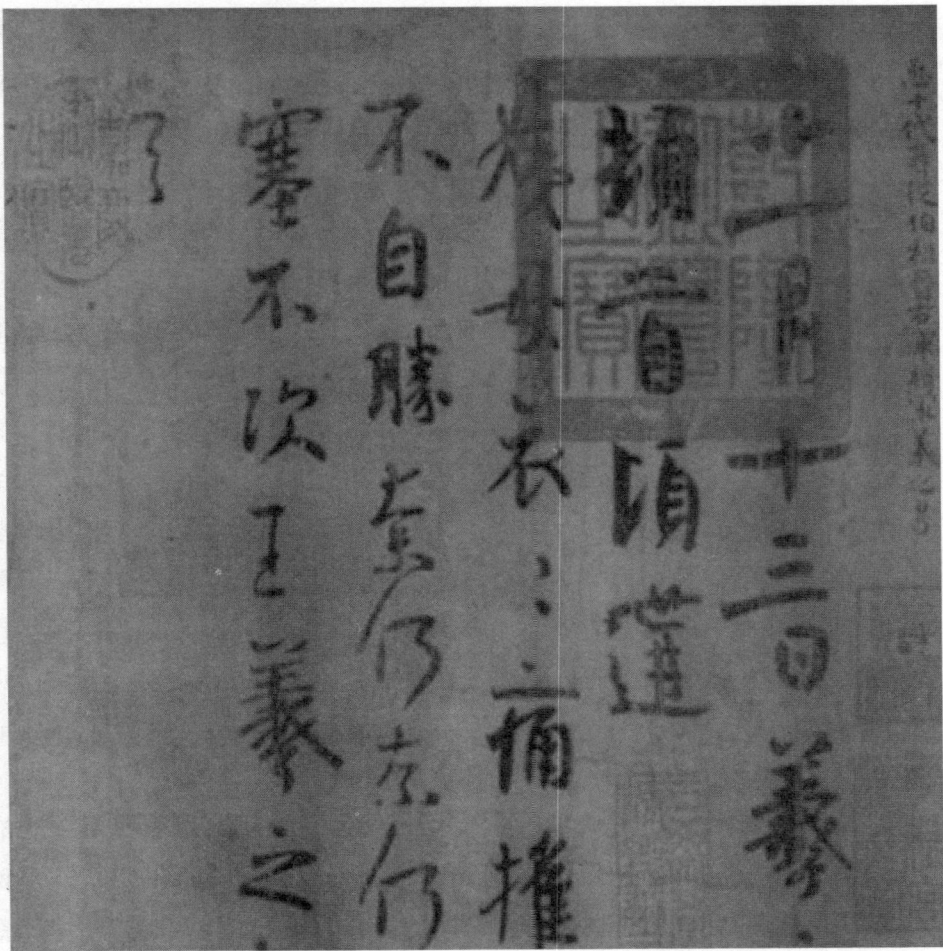

王羲之《姨母帖》刻帖本局部

受到的。王羲之自觉地追求用笔与力感。他的字素有"入
木三分"的美称,该帖不论是分散的结体,还是凝聚的结体,
笔笔富有紧劲的拉力和弹性,笔势遒劲,富有力度。

　　《姨母帖》是王羲之的早期作品,在此帖中,横画平势,
中锋缓行,字字独立,有明显的前代隶书遗意。但到了王羲
之晚年,他的《兰亭集序》《丧乱帖》《二谢帖》等,已经一改
早期《姨母帖》中的用笔,笔法一拓而下,平势变为欹侧之
势,侧锋、中锋交替使用,变化多端,字势活跃起来。

　　2.《快雪时晴帖》

　　《快雪时晴帖》,历代几乎一致认定此为王羲之真迹。
行书,麻质墨迹本。纵23厘米,横14.8厘米,4行,28字,被

誉为"二十八骊珠"。《快雪时晴帖》是一封书札,其内容是作者写他在大雪初晴时的愉快心情及对亲朋的问候,内容为:"羲之顿首:快雪时晴,佳。想安善。未果为结,力不次。王羲之顿首。山阴张侯。"现收藏于台北故宫博物院。

《快雪时晴帖》是王羲之传世墨迹中最为体现阳刚之美的墨迹,其用笔多用裹锋中行,圆净健劲,以圆笔藏锋为主,起笔与收笔,钩挑波撇都不露锋芒,由横转竖也多为圆转的笔法。势巧形密,意疏字缓,用墨清和爽朗,浓淡适宜;结体以正方形为主,平稳饱满,时敛时放,能含能拓,寓刚健于妍丽之中,寄情思于笔端之上,充满弹性的力量。其行气尤为畅达、爽利,有一泻千里之势。王羲之其余书帖,或近于草率(如《寒切帖》),或近于简约(如《十七帖》),并且以行草或草书居多,而此帖则是行楷,几乎无一隶笔,结体也不再是隶书的平正,而是微微左倾。在章法上,注意了修饰,"山阴张侯"四字似元明卷轴的下款,使整个章法在对比中构成了力的平衡,这也体现了书圣的"中和美"。

乾隆皇帝视《快雪时晴帖》为"三希"之首(乾隆一生酷爱书法,刻意搜求历代书法名品,将此帖与王献之《中秋帖》、王珣《伯远帖》同贮于养心殿温室内,额其室为"三希堂"),并在帖前写下了"天下无双,古今鲜对""神乎其技"等评语。唐代李邕《麓山寺碑》与《李秀碑》(《云麾将军碑》)的体势、笔法取法《快雪时晴帖》较多。还有元代赵孟頫晚年的行书,也是源自《快雪时晴帖》的。

3.《丧乱帖》

《丧乱帖》,唐摹本,行书,尺牍一则。硬黄响拓,双勾廓填,白麻纸墨迹。纵28.7厘米,横58.4厘米,8行,62字,与《二谢帖》和《得示帖》并裱于一轴。即:"羲之顿首:丧乱之极,先墓再离荼毒,追惟酷甚,号慕摧绝,痛贯心肝,痛当奈何奈何!虽即修复,未获奔驰,哀毒益深,奈何奈何!临纸感哽,不知何言。羲之顿首顿首。"《丧乱帖》《二谢帖》《得示帖》,皆为白麻纸本。此帖于中唐时流入日本,现藏日本

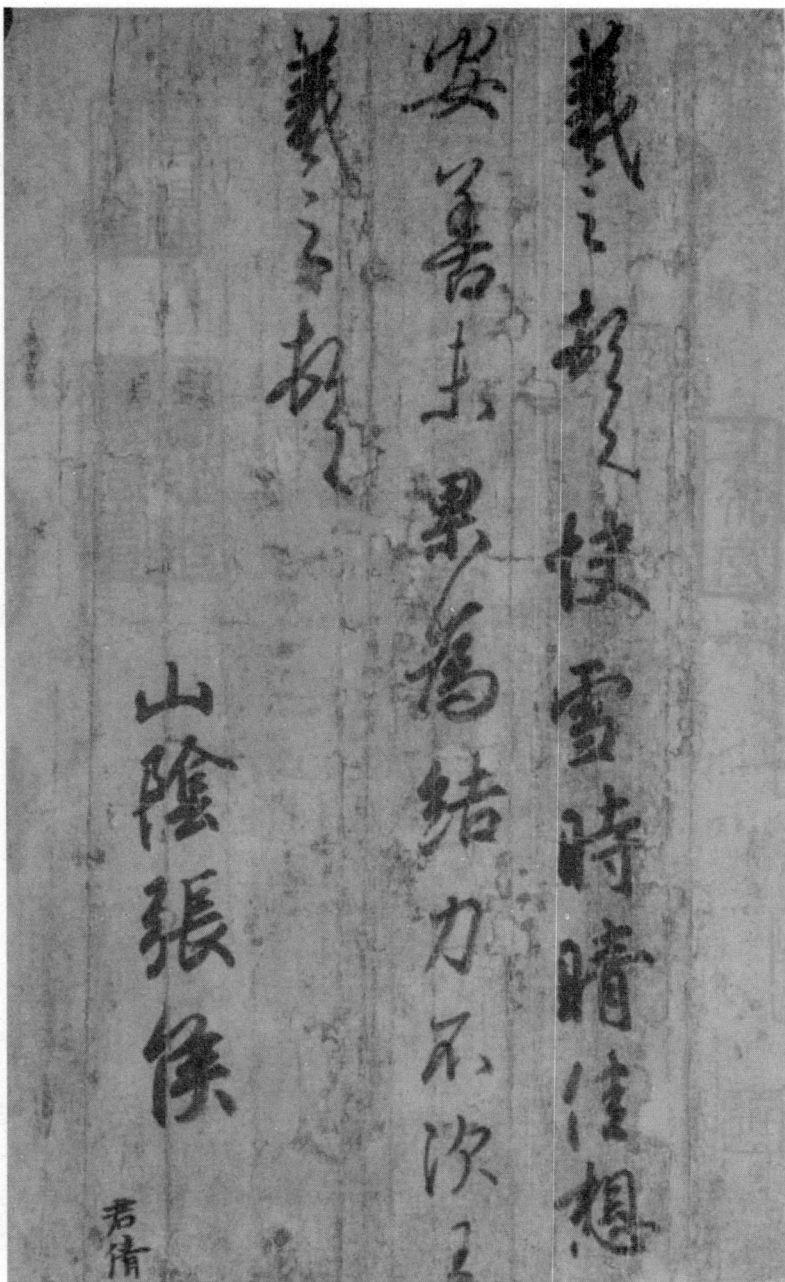

王羲之《快雪时晴帖》刻帖本

皇室。

　　《丧乱帖》是人们熟知的名帖,为唐代响拓,摹填水平极高,反映了真迹的情感面貌。《丧乱帖》是抒发作者悲痛之情的作品,故挥洒淋漓,流贯不羁,与《兰亭集序》的欢快心情不同,此帖字迹潦草,悲伤不能自已,时有滞顿的痕迹,由此可看出王羲之的悲愤郁闷之情。此帖书写的主要内容是"先墓再离荼毒",先墓遇到极其残酷的灾难,引发了作者感情的波澜。起初情绪尚能控制,比较平静,字势凝重,工整。当写到"号慕摧绝""哀毒益深"时,悲痛与愤慨的心情难以抑制,便"痛不欲书"了;写到"痛贯心肝"时已"意不在字"了;写到"痛当奈何奈何"时便逸笔草草,连笔而书。在这里我们看到由行入草的全过程,正如韩玉涛在《王羲之〈丧乱帖〉考评》中所说:"中国一切书体中,只有草书是最抒情的。无病呻吟,不能作草;情不浓郁也是写不好草书的。这个道理,在《丧乱帖》中又一次获得了证实。"从《丧乱帖》中可见雄强、浓郁的右军风骨,书帖的前两行有雄强、浓郁之美,后六行这种美被惨淡之美所替代了,这是由于感情变化使然。

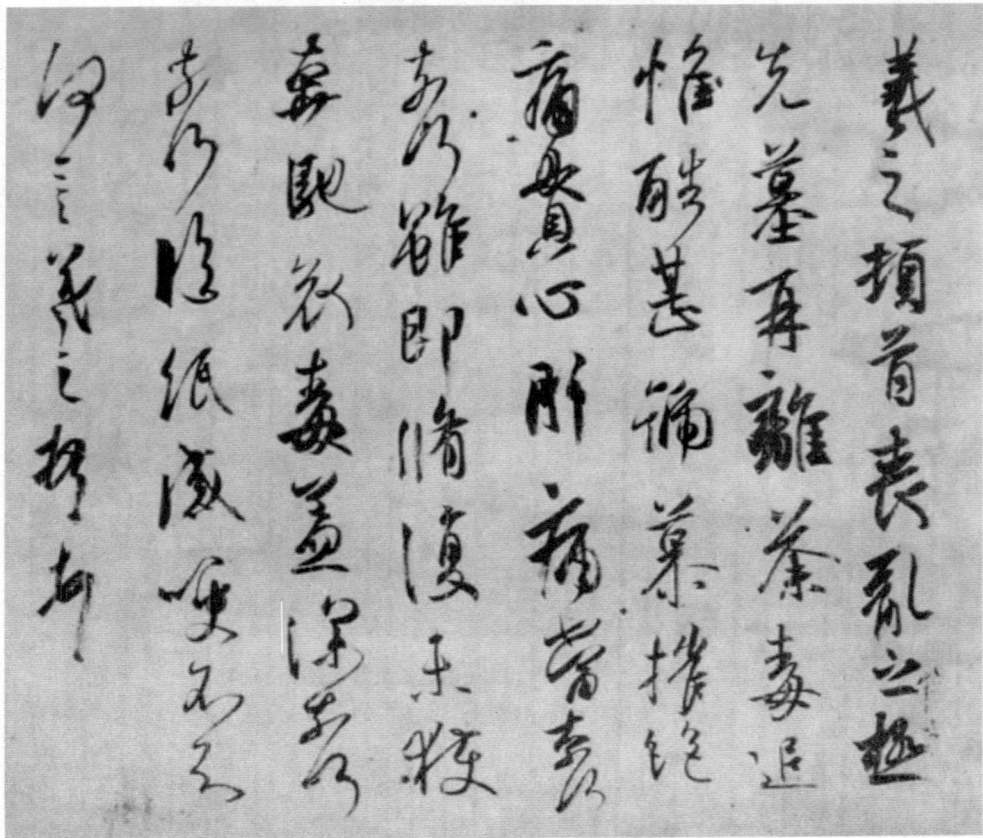

王羲之《丧乱帖》

　　《丧乱帖》由行入草是一个渐变的过程，"痛当奈何奈何"，"奈何"两字写得很草，但只有前面一个字的大小看上去并不突兀，然后随着情绪的变化，草的成分逐步加大，到了最后两行已不见行书的踪影，全部变成草书了。从表面看，王羲之信笔而书，并没有预先在布局上刻意安排，但以他的功力和修养，一出手就包含许多成功的因素，这就是所谓的"功到自然成"。

　　《丧乱帖》有些字有明显的倾斜之势，"势如斜而反直"，如"荼""当"，但颇有分寸，不失平衡，险峻疏朗，拙中生美，使人感受到一种大家风范。

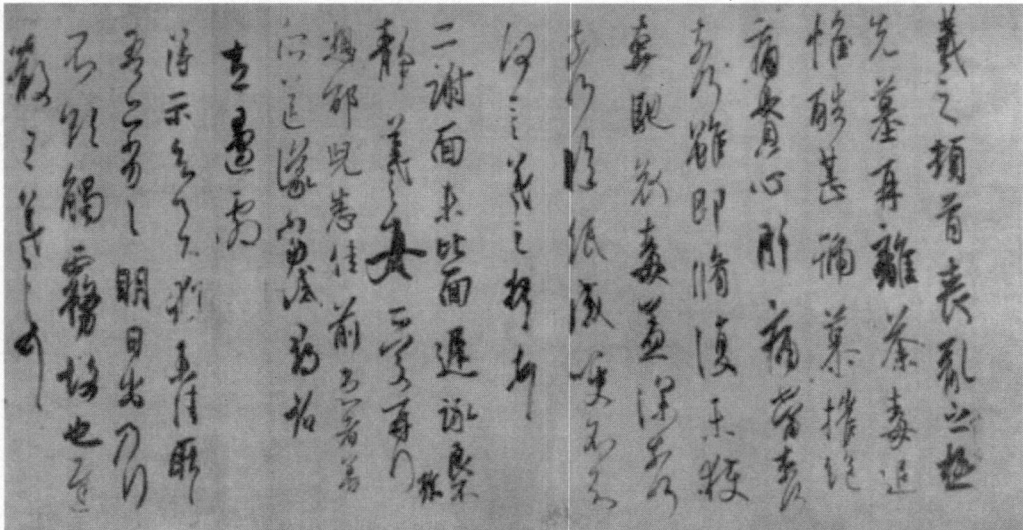

王羲之《丧乱帖》《二谢帖》和《得示帖》三帖一轴

　　《丧乱帖》是王羲之晚年成熟期的作品，想来应为《兰亭集序》前后之作，体势间杂，但又和谐统一，绝无生硬造作。用笔之轻重缓疾，极富变化；而字势略方，以见骨力。勾、填均极精妙，神韵气格，纤毫毕现，是存世王字唐摹本中之代表。此帖与《姨母帖》《十七帖》等很不相同，前二者纯用隶法作行书和草书，所以行书平正，草书安详。虽尽其变化，而终未能达其个性化的巅峰。而此帖笔法精妙，用笔已脱尽隶体，结体全失平正，以欹侧取势。各种字体、字形被熔于一炉，完全根据情感的变化和需要而生发。说无法又

王羲之 评传

有法,不仅每个字独立可观,优美绝伦,通篇跌宕起伏,又融融一气,到了万纵心所欲不逾矩的地步,神韵天成。

王羲之许多帖都属便条一类,或记述生活琐事,没有多少实质性内容,而《丧乱帖》是一篇通过追述往事抒发自己情感的优秀小品,这篇小品文理兼优,短小隽永,具有很强的艺术感染力。

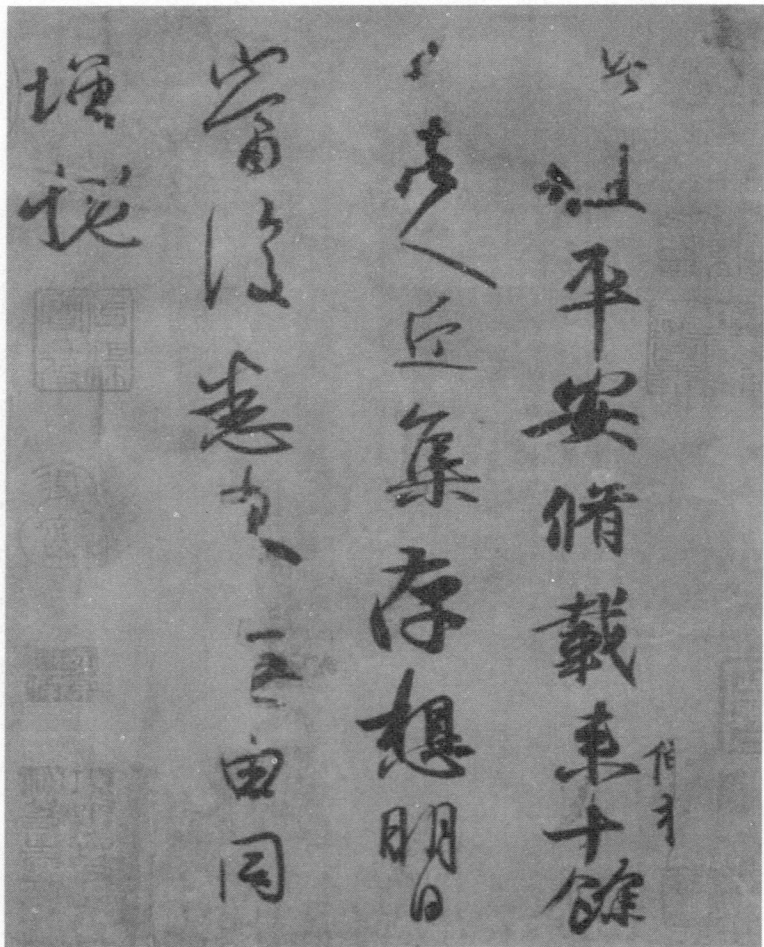

王羲之《平安帖》

4.《平安帖》

《平安帖》,唐摹本,行书,尺牍一则,今存墨迹本为唐代双勾摹拓,硬黄纸本。与《何如帖》《奉橘帖》为一纸,纵24.7厘米,横46.8厘米。4行,27字。即:"此粗平安,修载来十余日,诸人近集,存想明日当复悉来,无由同,增慨。"帖文部分字迹残损,释文根据《王羲之志(附王献之志)》补出。现藏于台北故宫博物院。另有绢本墨迹草书《平安帖》,为宋临摹本。纵24.5厘米,横13.8厘米,共4行,41字。

《平安帖》朴实淳古,用笔爽利,沉着潇洒,峻宕清健,体势丰满,尤其是尖笔的起讫牵带,丰富多变,饱满完整,实为行书楷则。王羲之所表现出的书法造型,如孟子道性善,庄周谈自然,纵说横说,无不如意。在王羲之行书的字里行间,能感受到静谧、和谐、清逸之气,除行书字势特色之外,每行中字群的经营,字形的大小,起伏波变至高峰而止的章法,更像是长袖善舞的舞者,尽情尽意,随意驱遣点画。章法布局疏密得当,雍容之态,酣畅之情,可为行书之典范。"安""人"质直,"存""当""复"真率,都带有浓厚的古拙遗风,而"想""悉"两个已然是唯美的书写。

5.《何如帖》

《何如帖》,唐摹本,手札尺牍。行书,3 行,共 27 字,即:"羲之白:不审、尊体比复何如?迟复奉告。羲之中冷无赖,寻复白。羲之白。"与《平安帖》《奉橘帖》合为一纸,纵 24.7 厘米,横 46.8 厘米。收藏于台北故宫博物院。

《何如帖》结体瘦峻,笔画清劲,点画多姿,静谧婉丽。例如,"义"的两点,笔意含蓄,似美人含情脉脉;而"尊"的两点,有翕有张,顾盼照应。用笔练达爽峻,如铁削泥,显示出一种肯定与从容的意态。欹侧是王体行书最典型的特点,行中带楷,规矩整齐而不拘板,法度谨然而不滞泥。线条虽细,但筋、骨、血、肉无一不全,无论横竖撇捺,从起笔到收锋,都能纵敛有度,虚实相间,显示出书家一贯的自然平和、骨力内涵的蕴藉书风。如"赖"结体中的"口",生成较大的空眼,与其他繁密的笔画相映成趣。"迟"的走之,转锋柔和,微微回锋收住;"寻"的上半部,笔画复杂,与下半部的比例,分寸恰到好处。转丰厚形成的一点,极尽华丽、清新之能事,然不俗媚,亦并无扁薄之病,结体秀长飘逸,已完全脱去隶书的痕迹,实在是一代宗师的风范。简远、高贵、不激不厉的魏晋风度于《何如帖》表露无遗,使人在视觉上享受到动静的美妙,如

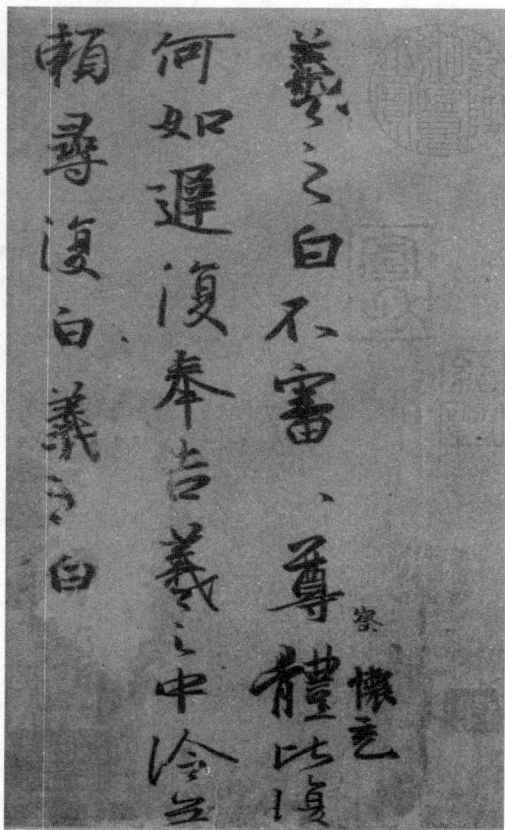

王羲之《何如帖》

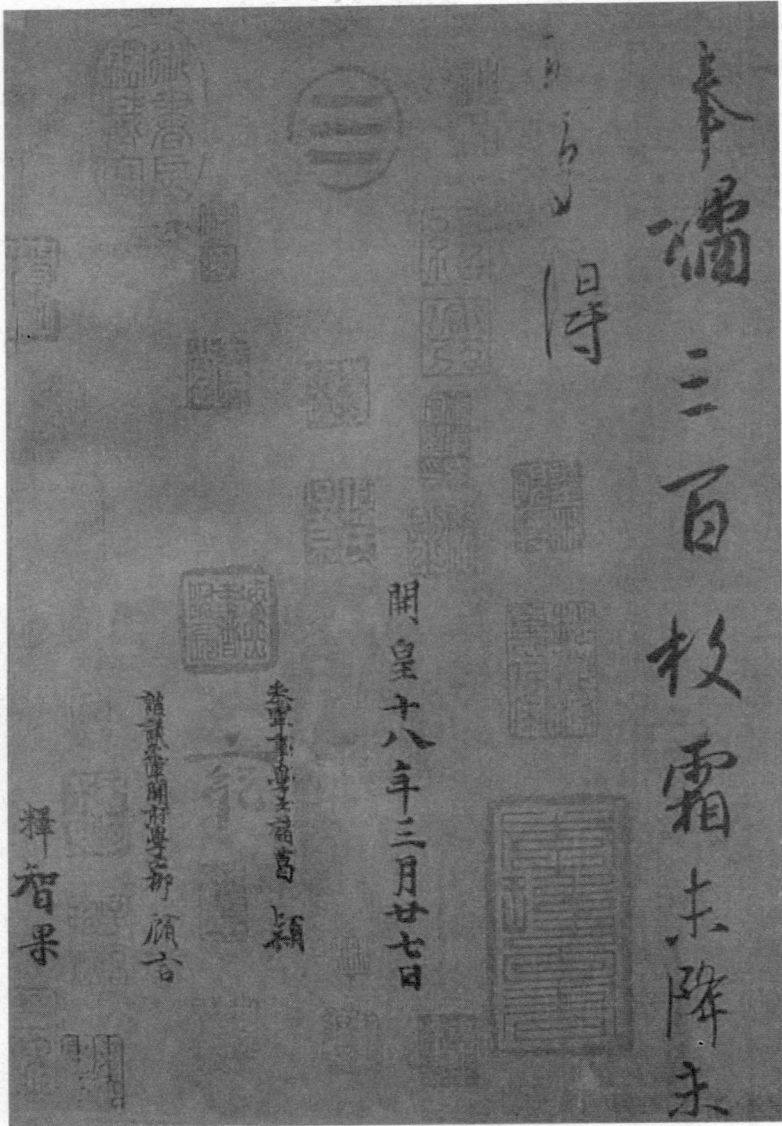

王羲之《奉橘帖》

书上之美妇,神采奕奕,呼之欲出。

6.《奉橘帖》

《奉橘帖》,唐摹本,尺牍一则,行书,硬黄纸。2 行,共 62 字。即:"奉橘三百枚,霜未降,未可多得。"与《平安帖》《何如帖》为一纸,纵 24.7 厘米,横 46.8 厘米。现藏于台北故宫博物院。

《奉橘帖》是王羲之书法创新的一个展示,他的变革不仅脱去了隶书遗意,而且在结体上突破了单调的模式。书风坦然清纯,字字挺立,体态舒朗,结体不取平正,纵横聚散恰到好处;其造型大多是圆润的椭圆形,有轻灵之感,中锋、侧锋并用,视若轻盈,实则厚实,令人回味无穷。韩愈曾指斥"羲之俗书趁姿媚",一个"趁"字道出了王字的妙处——不仅乘时,应时而变体,而且乘势,随势以布形。"橘""百""枚""霜""降""得"六字,右侧转折,个个不同,有的方折,峻棱毕现;有的圆转,圭角不露。形成的方框也色色有异,有的上下齐等,有的圆头方趾。最耐人寻味的是,"百"字在

折过下行之时,忽又小曲,虽然
内壁依然平正,但外廓因此与
左竖形成了较强的对比。此书
寥寥十二个字,写得洋洋洒洒,
留白天成,与平安三帖中其他
两幅风格不同。

　　7.《孔侍中帖》

　　《孔侍中帖》,唐代墨迹
本,双勾廓填的勾摹本。行草
书,3 行,25 字,即:"九月十七
日羲之报:且因孔侍中信书,想
必至。不知领军疾,后问。"与
《频有哀祸帖》《忧悬帖》合装,
前后 9 行共一纸,总称为《孔
侍中帖》或《九月十七日帖》。
纵 24.8 厘米,横 41.8 厘米。
现藏于日本前田育德会。

　　《孔侍中帖》主要为行书,
其中有的字规矩若楷,有的字
纵肆如草,杂集一起,却和谐一
体,绝无夹生之感。笔画体态
丰腴雍容,中和之美,多力丰
筋,于此帖尽显。"九月"起
始,扩大,"十七日"收敛,但以
浓重而与前两字映衬和谐。
"报"字用笔虽然粗重,但左敛
右放,于起笔落笔之间交代清
楚,笔姿揖让向背,结体敦实而
又趋势若动,工而灵活。行动
线趋向平稳,与《姨母帖》相
似,但各段动线吻合,"孔侍"

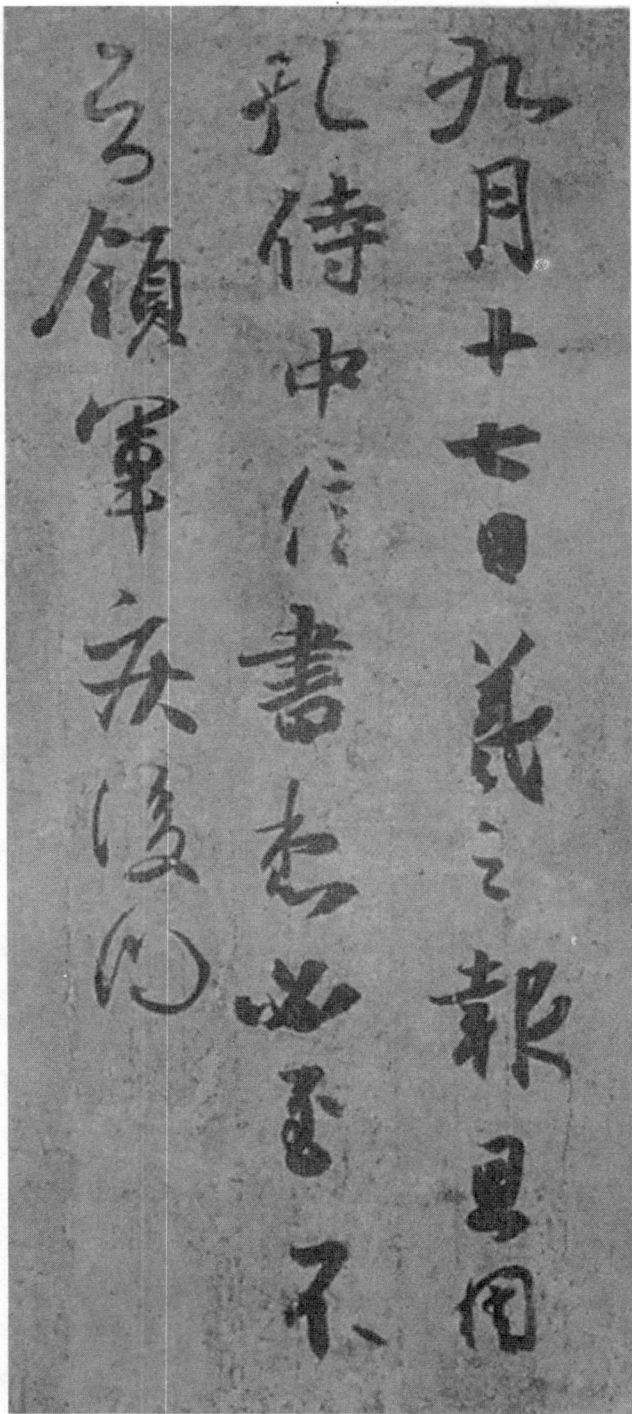

王羲之《孔侍中帖》

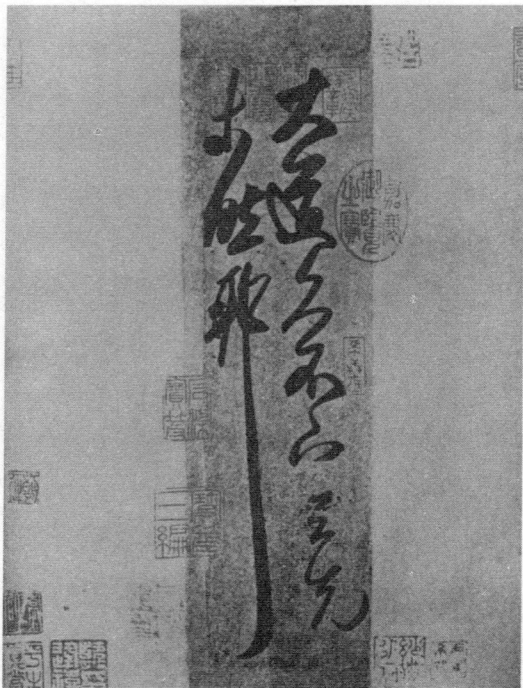

王羲之《大道帖》

两处错位较大的断点,成为流畅的节奏中有力的顿挫,使平稳中有生动之韵致。该帖展现了书随情发,且能超然形骸之外,深谙法度却能自出法度的书法自由状态。

8.《大道帖》

《大道帖》,宋摹本,行书,2 行,共 10 字,即:"大道久不下,与先未然耶。"纵 27.7 厘米,横 7.9 厘米。现藏于台北故宫博物院。

《大道帖》后人称之为"一笔书",笔势连贯类草书,却以行书结字为主调。"耶"字末笔竖画纵长,为王书中不多见的异态。整幅作品气韵贯通,奔逸神驰,一曳如风,笔画连绵,为典型的"一笔书"。帖中十字,可称千古雄笔,气压群芳。其意象如瀑布直下,一落万丈;又似长枪大戟,驰骋风云。前五字一笔连绵,次两字连缀,复次两字又勾连,最后一"耶"字以末笔竖画一贯直下,纵长劲挺,约占四五字的空间,如天际行云,宛若游龙,把情感推向高潮。除了力与气的感受外,书帖独特的造型,亦是美之所在。

三、草书代表作品

秦代因时常有战争,篆书写起来很麻烦,故出现了流便的草书,赵壹认为草书"起秦之末",许慎认为"汉兴有草书",从我国西北地区出土的大量草书真迹可以证明。在汉代,草书的使用范围已经相当广泛,东汉末年草书已经兴盛,其代表人物要数张芝了,有"草圣"之称。汉代草书有两种,一种是具有浓厚隶书笔意的章草,即所谓"隶书之捷"。这种草书以独字出现,字与字之间不连贯,有严格的法则,这种草书为旧体;另一种为新体,即所谓今草,这种草书,书写比较自由,笔势连贯,很少保留隶书的笔意。张芝章草、今草兼能,三国两晋的书家皆以张芝为宗师。

与张芝的章草相比,王羲之的今草使转灵动,点画放纵,笔势流畅遒逸。虽然王羲之笔势的连属飞移多体现在一字之内,但其所呈现的,是神采上的贯通,而非形式上的连属,即是唐太宗所谓的"状若断而还连"。这样,章草书体字字独立的形态与今草书体流畅纵逸的笔势,这看似不协调的两端,在王羲之的今草书中得到了融会贯通,别出新貌。

王羲之的草书,大多是尺牍书,都是率意而为,不加修饰,自然天成,随机应变,顺理成章,生动俊逸。今草书写起来迅速快捷,一气呵成,文字上下呼应,婉转妩媚,既快又美,故很快"大行于世"。王羲之的章草书作传世的仅存《豹奴帖》一件,今草书作以《十七帖》《破羌帖》《丧乱帖》(行草)最为著名。

1.《破羌帖》

《破羌帖》因第三行有"王略始及旧部"一语,故又称《王略帖》,此外还有《桓公至洛帖》《桓公破羌帖》之称。

北宋米芾在《海岳名言》中曾说:"一日不书,便觉思涩,想古人未尝片时废书也。因思苏之才,《桓公至洛帖》,字明意殊有工,为天下法书第一。"桓温收复旧京洛阳是永和十二年(356)八月,帖中云"桓公至洛",所以书作所写时间经推断是在当年的秋季,当时王羲之已经辞官归隐了,但他仍关心国家大事,对于摧破羌贼,感到由衷的喜悦,《破羌帖》的字里行间流露出振奋的心情。

《破羌帖》共9行,81字,结字俊美,笔意练达,笔法入神,骨肉相宜。"草书比之正书,要使画省而意存,可于争让向背间悟得。"①《破羌帖》中的"破""禽"仅用两笔写出,笔画简略而形态俱存,特征明显。第一行和最后一行都有一个"今"字,但书写不同,第一行"今"字前的一字是"洛"字,笔画较硬,故"今"字肉较多,写得较软。而最后一行的

---

① 〔清〕刘熙载:《艺概·书论》

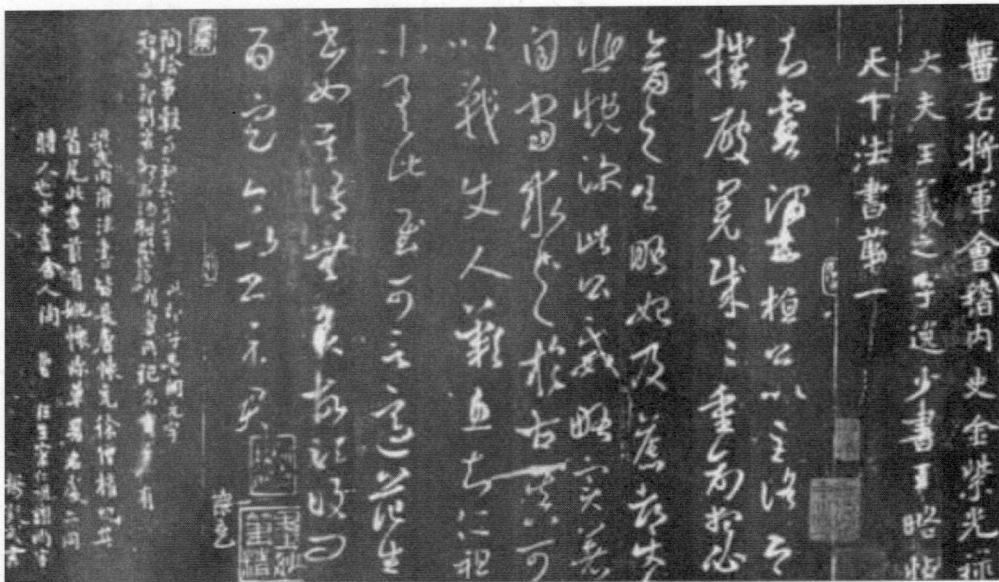

王羲之《破羌帖》

"今"字,考虑前后两字的用笔形态,故第一笔写得较硬,以两笔完成此字。这是基于章法和字与字之间对比关系考虑的,"画省"是总体要求,但并不一概而论。如果每个字都平均对待,笔画极省略,势必通篇稀稀朗朗显得松散无力。《破羌帖》中的"虞""摧"则保留其较多的笔画以便与其他笔画少的字形成对比。

"草书尤重筋节,若笔无转换,一溜直下,则筋节亡矣。"①《破羌帖》许多字筋节刻画都非常精彩,"贼"字第一笔画近乎直角笔,力劲健,笔势的转换穷极变化;"求之"两字垂笔特长,连笔而书,气韵生动;"适"字为断句的最末一字,字体稍大,有横断截流之势。

2.《十七帖》

简介:《十七帖》是一部汇帖,是王羲之草书代表作,以起首有"十七"而得名,凡27帖,134行,1166字。原墨迹早佚,现传世《十七帖》是刻本。据载:唐太宗好右军书,搜集王书凡三千纸,率皆以一丈二尺为一卷,《十七帖》即其中的

———————————————

① 〔清〕刘熙载:《艺概·书论》

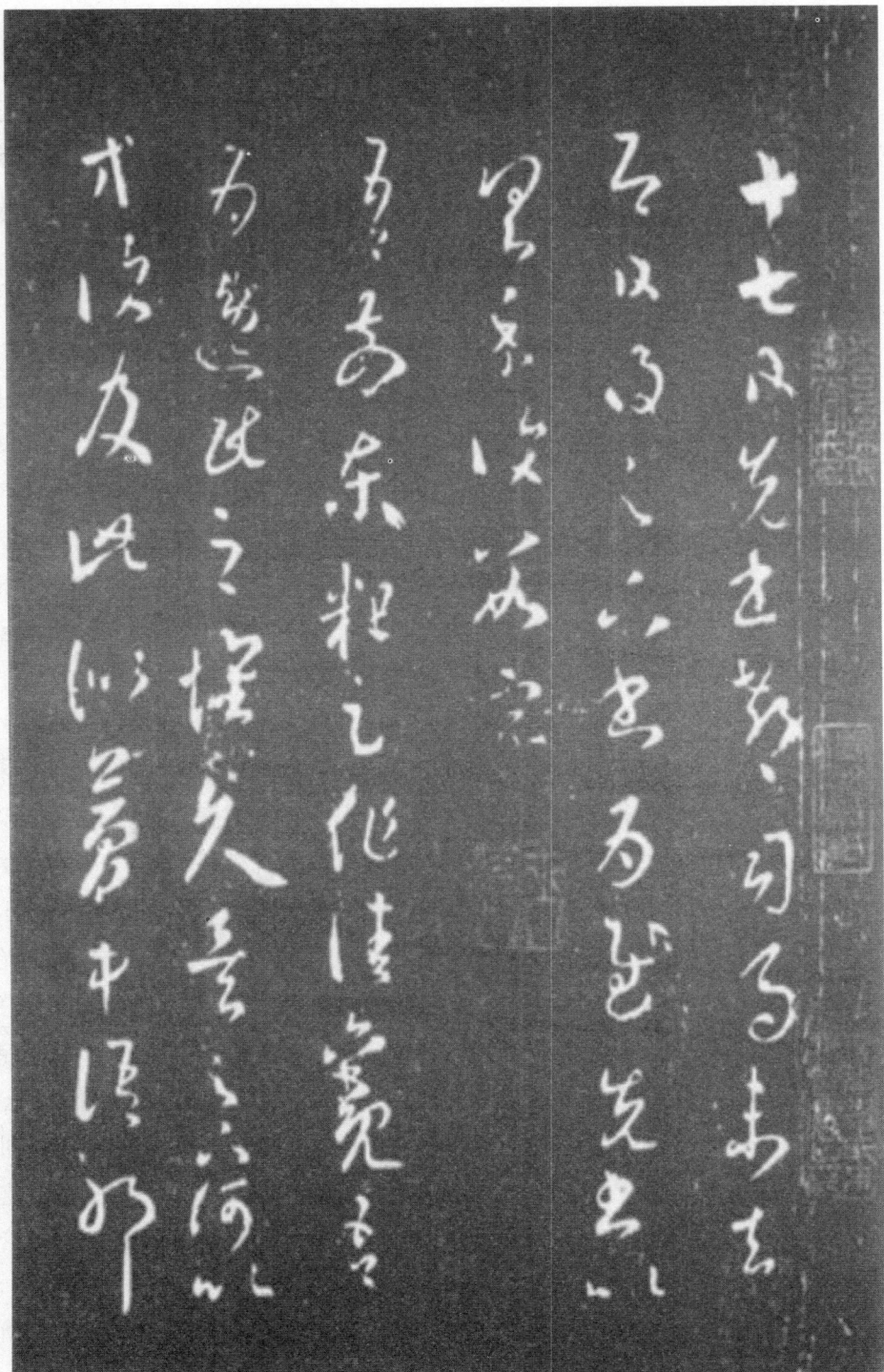

王羲之《十七帖》局部

一卷。唐张彦远《法书要录》云:"《十七帖》长一丈二尺,即贞观中内本,一百又七行,九百四十三字,煊赫著名帖也。"此载略与今传本异。摹刻本甚多,传世拓本最著名的有明邢侗藏本、文徵明朱释本、吴宽本、姜宸英藏本等。唐蔡希综《法书论》说:"晋世右军,特出不群,颖悟斯道,乃除繁就省,创立制度,谓之新草,今传《十七帖》是也。"

"中和"是王羲之书法的审美精神,历来认为《十七帖》便是这一审美精神的集中体现,最接近王羲之的书法追求。清代刘熙载言:"右军书'不言而四时之气亦备',所谓'中和诚可经'也。"中和即是风格冲和典雅,不激不厉,而风规自远,绝无一般草书狂怪怒张之习,透出一种中正平和的气象。孙过庭曾将王羲之与张芝、钟繇二人进行比较,和雄放恣肆的张芝相比,王羲之稳重有余,而和稳重平和的钟繇相比,王羲之则是恣肆开张的。"中也者,天下之定理也;和也者,天下之远道也。"也因此,王羲之被独尊为"圣"。

唐宋以来,《十七帖》一直被奉为草书圭臬,帖中神品,亦被书家奉为"书中龙象",其展现出的是阳刚之美与阴柔之美的高度契合,正所谓"力屈万夫,韵高千古"。这不仅反映了一个时代的书体,审美习惯的有机联系,也为它本身的艺术内涵艺术价值所决定。力,即谓《十七帖》的阳刚之美。该帖笔法丰富,用笔方圆并用,寓方于圆,藏折于转,以方笔方折为主,左冲右突,有切金断玉之力。其圆转处亦不作任何柔媚浮丽之态。韵,即谓《十七帖》的阴柔之美。该帖字字独立,不作牵连之形,不作夸张之态,练达诚挚,极尽含蓄蕴藉之意。含刚健于婀娜之中,行遒劲于婉媚之内,外标冲融而内含清刚,简洁练达而动静得宜,体现的筋脉之力,包含在了朴实的传统形态之中,虽然行行分明,但左右之间字势相顾;字与字之间偶有牵带,但以断为主,形断神续,行气贯通;字形大小、疏密错落有致,真所谓"状若断还连,势如斜而反直"。这些可以说是习草者必须领略的境界与法门。

3. 《初月帖》

《初月帖》,唐摹本,草书,凡8行,共61字。纵26.3厘米,横32厘米。即:"初月十二日山阴羲之报 近欲遣此书,停行无人,不办。遣信昨至此。旦得去月十六日书,虽远为慰。过嘱,卿佳不?吾诸患殊劣殊劣!方涉道,忧悴。力不具。羲之报。"尺牍一则,《万岁通天帖》丛帖第二帖,摹本现藏于辽宁博物馆。2011年4月15日,中国邮政发行《中国古代书法——草书》特种邮票1套4枚。其中之一为王羲之草书《初月帖》。

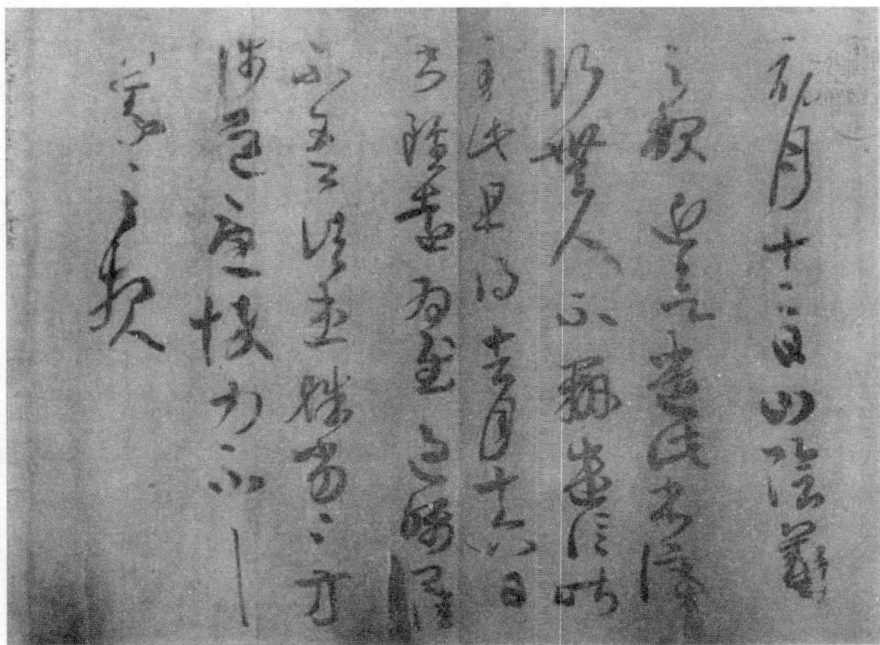

王羲之《初月帖》

《初月帖》起首称"初月",即"正月",避王羲之祖父"王正"之讳。此帖古朴随意,具有古意,是王羲之较早的作品。书法风格逸笔草草,自然天真,率意畅达,有晋人倜傥任诞的气息。此帖想为王羲之晚年所作,并晚于《十七帖》。此作介于章草和今草之间。观其结体,基本上还是字字独立的章草体势,论其笔法,已是今草气派。行气已经由纵势为主导,并有一些破锋、侧锋和上下牵连的字。大部分字已经不像《十七帖》呈扁形,而基本上是长形。显得自然、随意,丢掉了一些华彩的贵族气派,更接近质朴的北朝风规。这在王羲之的帖子中,具有较为突出的风貌。《初月帖》潦潦草草,结字大小不一,或长或短,或平正或欹侧,皆随字形和性情而定,行字不求垂直匀称,行距不求密疏划一,这就决定了此帖的错落跌宕、变幻莫测的整个面貌。这种情况同当时人们追求自然潇洒的社会风气有关。在含蓄的主调中体现了感情的流动,一种颇受压抑的暮年情怀获得某种任意的抒发,特别具有感人的力量。一种旷达中蕴含沉郁、忧伤的意态,在字里行间流畅地凸显出来了。这大约便是"羲之书暮年愈妙"的佳处吧。

4.《行穰帖》

《行穰帖》,唐摹本,行草,尺牍一则,2 行,15 字。纵24.4 厘米,横 8.9 厘米。即:"足下行穰,九人还示应决不?大都当任。"为《十七帖》中一帖。美国普林斯顿大学美术馆藏。《宣和书谱》《墨缘汇观》《式古堂书画汇考》等著录。

王羲之《行穰帖》

《行穰帖》颇有雄浑圆融之气,为王羲之草书中最为奔放爽畅跌宕之作,显示着其书笔势由内撅向外拓的迹象,依稀可见字字独立、结体简约而少映带的章草的影子,显示出较明显的时代特色。笔画肥厚、圆浑、舒畅,不显锋棱,线条形态饱和丰满,笔势以按为主,线质圆厚滋润有重量感,其字与字大小悬殊前所未见,且字势一泻而下,本格开张,姿态多变,开王献之"尚奇"书风之先河

5.《上虞帖》

《上虞帖》,唐摹本,草书,7行,58字,是王羲之因病未能得见朋友一面,而写的一封信,即:"得书知问。吾夜来腹痛,不堪见卿,甚恨! 想行复来。修龄来经日,今在上虞,月末当去。重熙旦便西,与别,不可言。不知安所在。未审时意云何,甚令人耿耿。"纵23.5厘米,横26厘米。现收藏于上海博物馆。

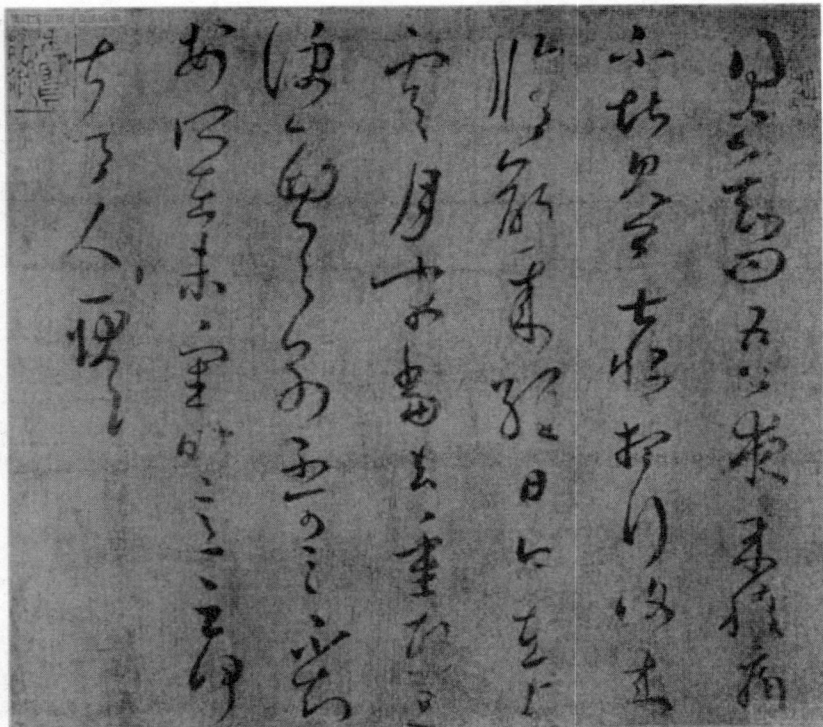

王羲之《上虞帖》

《上虞帖》作品风格面貌属于王羲之晚年书风。草法随意洒脱,轻松自然,不拘小节。首先,在笔法上它不是靠轻重提按变化来丰富线条内容的,而是以节奏和运行速度(疾涩之变)来充实线条内涵,提按为辅。其次,结构上强调开合变化,收放自如,虽然连笔书写的字并不算多,一笔直下最多三字,但是笔势气韵十分流畅,有意到笔不到的趣味,点画极为精到,节奏清新,所以视觉效果显露出一种"张力"的特征,神清气爽,内涵无限,格调高雅,无怪乎被世人叹为千古绝唱。

6.《长风帖》

《长风帖》,米芾临摹本,分别临摹王羲之《长风帖》《贤室帖》《飞白帖》三帖。因为同在一卷,故以首帖"长风"名之。硬黄纸本,草书,11 行,103 字。纵 27.5 厘米,横 40.9 厘米。

《长风帖》云:"每念长风,不可居忍。昨得其书,既毁顿,又复壮谓,深可忧。"《贤室帖》云:"知贤室委顿,何以使尔,甚助,耿耿,念劳心。知得廿四日问,亦得叔虎廿二日书,云新年乃得发。安石昨必欲克潘家,欲克,廿五日也。足下以语张令未?前所经由,足下近如似欲见。"《飞白帖》云:"今送致此四纸飞白,以为何似?能学不?"现藏于台北故宫博物院。

《长风帖》笔意洒脱,有晋人遒润之风,用笔以骨气十足而又不外露的内撅笔法为特征,结字以欹为正,行款大小参差,前呼后应,气贯意连,极富变化之妙。王羲之"工谈辩,以骨鲠称",雅好服食养性,乐与名士同好寄情山水,优游自适以终其年。书如其人,加之时代风尚使之,故其书法开一代"妍美流变"之风。唐代李肆真评王羲之行草书如"清风出袖,明月入怀",可谓道出其书法意境美的超逸绝伦了。观此帖,我们可以领略到他"刚健中和,流美而静"的独特书法风格。

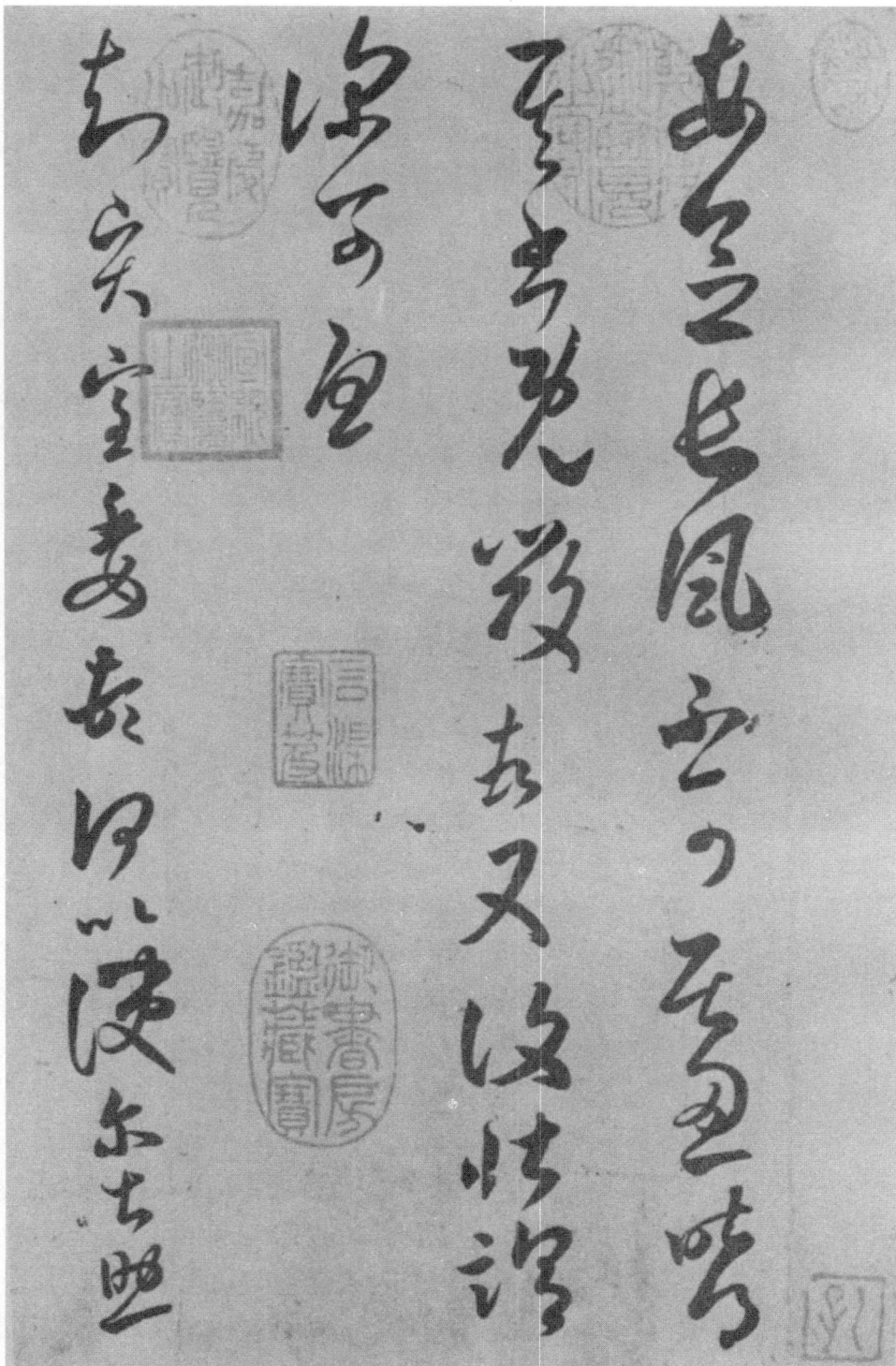

王羲之《长风帖》局部

7.《寒切帖》

《寒切帖》，也称《谢司马帖》《廿七日帖》，唐摹本，纸本墨迹，草书，5 行，共 50 字。纵 26 厘米，横 21.5 厘米。即："十一月廿七日羲之报：得十四、十八日二书，知问为慰。寒切，比各佳不？念忧劳，久悬情。吾食至少，劣劣！力因谢司马书，不具。羲之报。"现藏于天津博物馆。

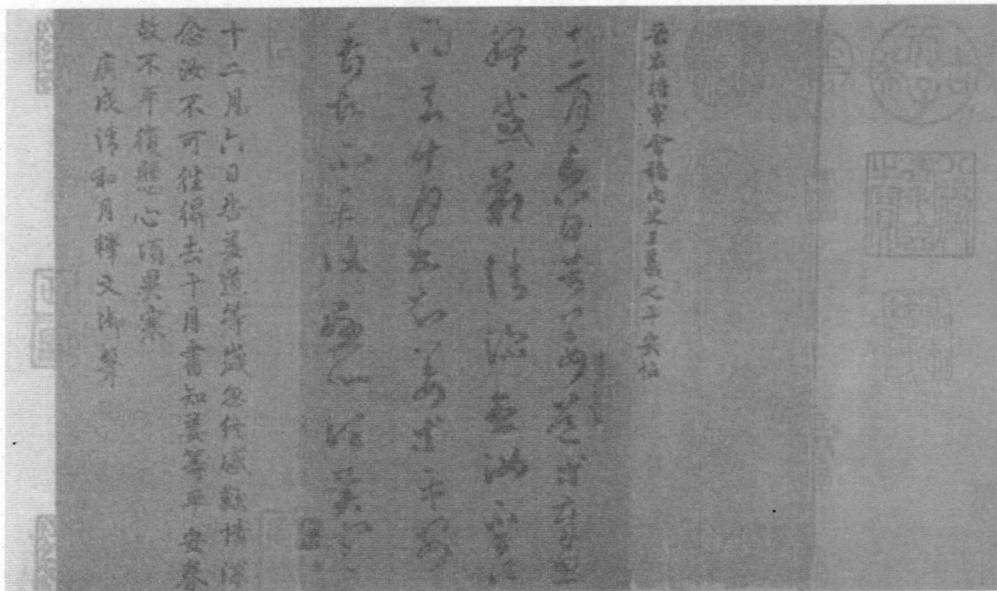

王羲之《寒切帖》

《寒切帖》书风遒劲腴润，沉着流动，笔画质朴凝重，平和简淡，出笔入笔比较自然，不像唐以后那样强调一笔三折，许多字如"得""谢"等字，线条组合极妙，并无过多的转折、顿挫，短线为主，而且将其大部分点线分解开来，有着一种疏落感。同时，又将少数字安排得极为紧密，并将最末二字加以连带，从而形成聚散、平险的节奏感，意韵十足。又在开笔处和后来几处加以方起的粗笔，为书作加注了凝聚力和整体的力度感。这些都使此幅作品具有一种古朴高华的艺术魅力。可以看出，王羲之将这几种因素对立而又统一地运用，正是其对法度与情感的妥帖把握。《寒切帖》的新意，正在于作者将章草进行了再创造，或在新体中间入章草的笔意，使新体不失古意，显示出了书家的艺术特征和书法魅力。

此帖是王羲之晚年成熟书作的代表，其书体从容随意、沉着流动，是探讨王羲之书风相当可靠的资料。

8.《远宦帖》

《远宦帖》，亦称《省别帖》，为《十七帖》丛帖第十五通尺牍。纸本，草书，6行，共53字。纵24.8厘米，横21.3厘米。即："省别具，足下小大问为慰。多分张，念足下悬情，武昌诸子亦多远宦。足下兼怀，并数问不？老妇顷疾笃，救命，恒忧虑。余粗平安。知足下情至。"信中书家对周抚问候自己家人表示感谢，提及自己的妻子的情况时，对其病重非常担忧。信中还问及陶侃家人和一些同僚的近况。

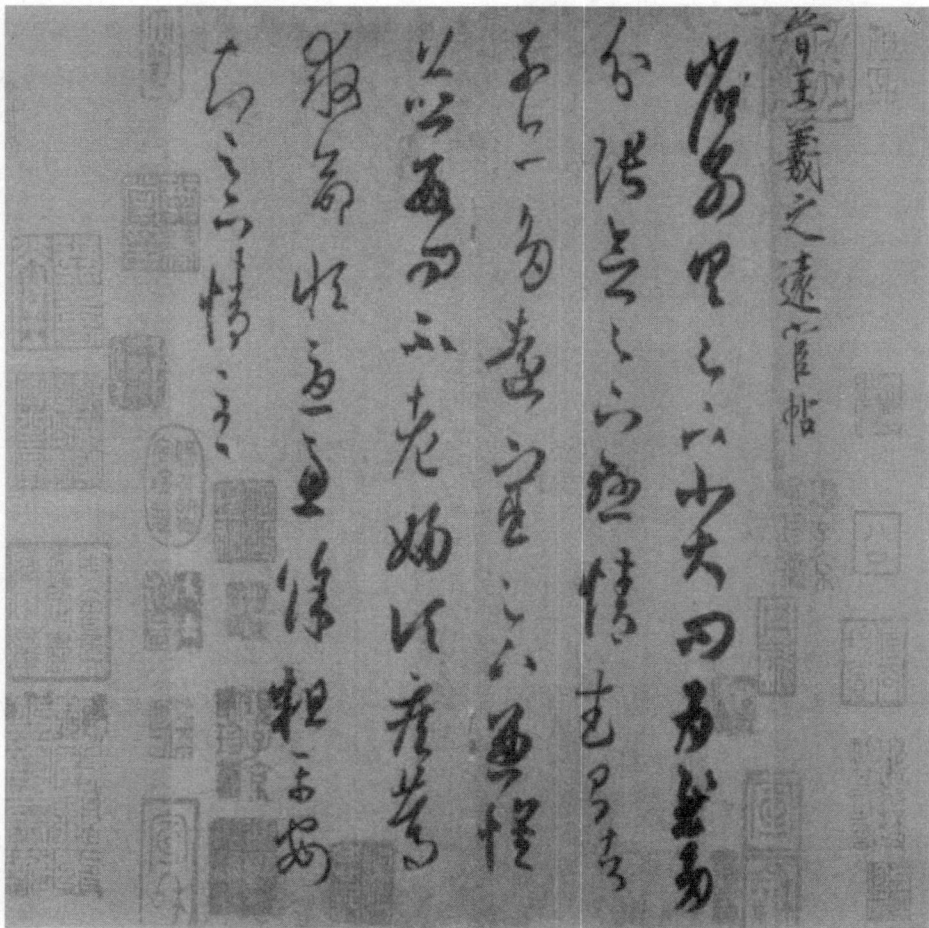

王羲之《远宦帖》

王羲之 评传

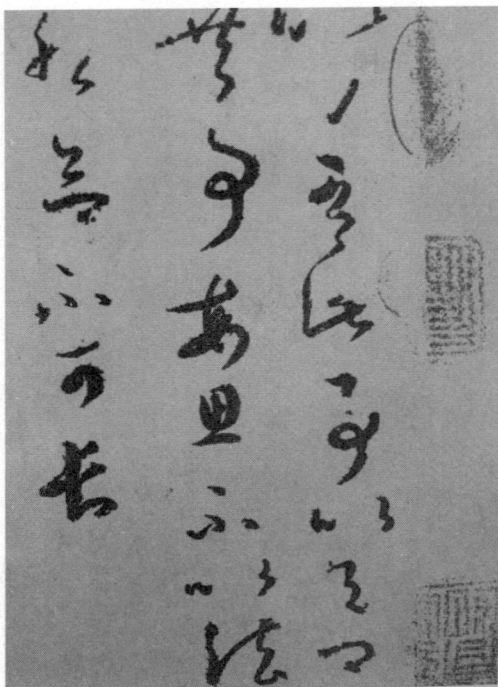

王羲之《此事帖》

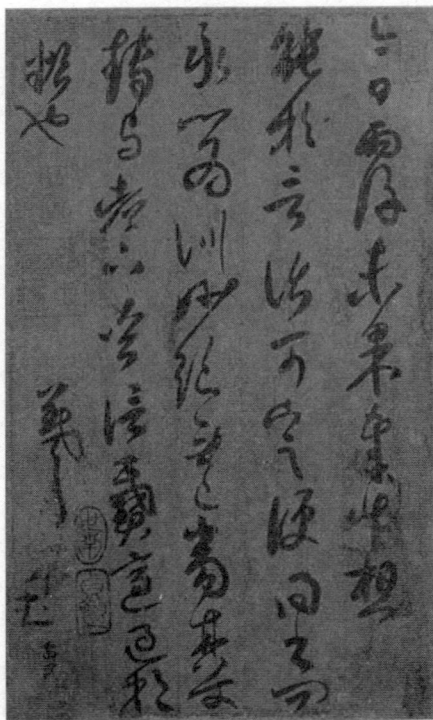

宋摹王羲之作品《雨后帖》

《远宦帖》，草法以简约为主，虽间有萦绕，亦简略不繁，笔画洒落有致，粗细之间匀净清爽，又不失其古朴之趣，《中国书法全集》对《远宦帖》的书法风格评价为"偏锋侧锋甚明显，体势多有章草意味"。与王羲之其他传本草书遗迹相比较，既有书家超逸俊爽、妍美流畅的审美共性，又有顿折峻利，以方破圆的笔法与利落、短健、跳宕的鲜明节奏感，还有婉丽中透露方刚的气韵美。从中可体会古人作草并不一味求其潦草恣肆，而是凝重而无阻塞；但全体来看，气充意随，一气呵成，如瀑流之激荡，时有浪花泛起，足可流连其间，领悟寄情其间，遣词造句之蕴涵。

9.《此事帖》

《此事帖》，唐摹本，草书，3 行，共 20 字，即："昨夕有此事。比与卿共事，每思不以法，然欲不可长。"铜山张伯英藏。

《此事帖》，舒展大方，行笔流便，雍容酣畅，欹侧萧散，真瑰宝也。书家心手双畅，笔若游龙，尺幅之作风云多变，其运笔如从天外飞来，因凌空虚抱不落痕迹，可谓一笔而成。行笔方侧而体势圆融，曲而有直体，直而有曲致，笔势飘拂摇曳却不浮滑，以动制静，缓急之中虚实相生，线条纤细清劲引带飞动如铁丝盘旋，很有狂草气势。

10.《雨后帖》

此帖为王羲之所书的一封信札，现藏北京故宫博物院。"今日雨后，未果，奉此，想□□能于言话，可定便得书问，永以为训。妙绝无已，当其父转与都下，岂信戴适过于粗也。羲之。"从此帖的墨色浓淡变化观察，与运笔的起收、顿挫转折的徐疾和用力相吻合，无勾摹痕迹，因此判断此帖应是古临本,书写年代在北宋至南宋间。

11.《干呕帖》

《干呕帖》,又名《如常帖》《昨还帖》。纵14.1厘米,横26.4厘米,共4行36字,五代至北宋时期的临摹本。是王羲之病中写给友人的短信。该帖笔意神采超逸,书风沉着劲健,曾刻录于《淳化阁帖》之中,是流传有序的艺术珍品。原文"足下各如常。昨还殊顿。胸中淡闷,干呕转剧,食不可强,疾高难下治,乃甚忧之。力不具。王羲之"。

12.《妹至帖》

纸本,2行17字,纵25.3厘米、横5.3厘米,为唐摹本,现藏于日本私人处。此帖为唐代根据王羲之书法作品双勾廓填的摹拓本,因其篇首"妹至"得名。此帖的纸张与现藏日本的《丧乱帖》《孔侍中帖》等一样,大约也是在唐时即流入日本。帖于昭和四十八年(1973)首次公开展示.此帖摹写亦很精,无呆滞之弊,行笔灵动,字势连贯,一气呵成,虽仅存两行,亦弥足珍贵。

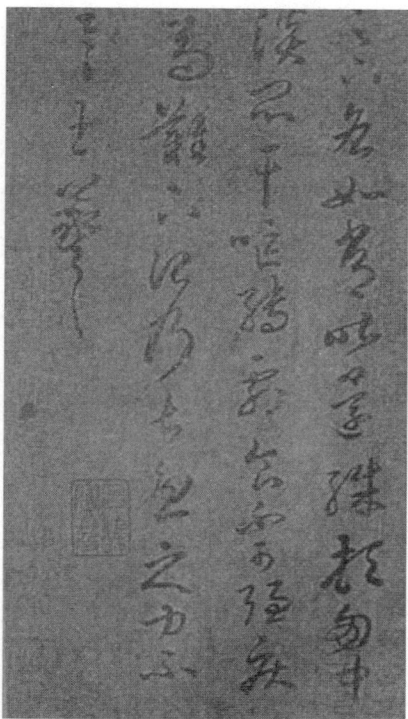

王羲之《干呕帖》

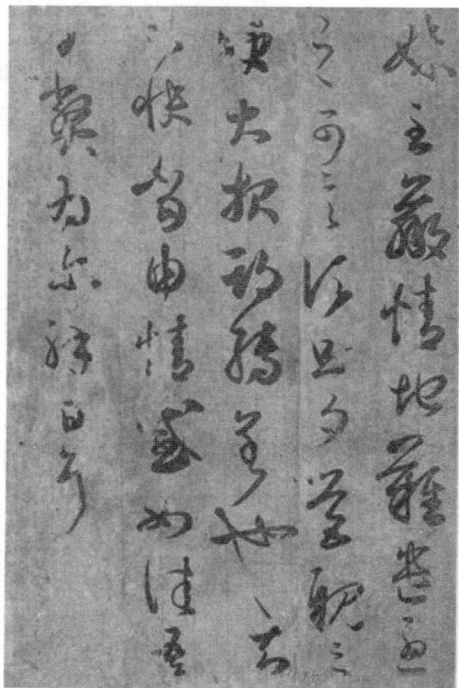

王羲之《妹至帖》

王
羲
之
评
传

附　录：王羲之的书学作品

　　王羲之的书论也是他留给后人的一笔宝贵财富，现存于世的有六篇。这些书论有这样三种情况：一是可确信为羲之书论，如其《自论书》；二是在初唐便属"代传"的羲之书论，可以确认其最早出现在六朝时期，但是否为羲之所作却历来有争议，它们收录在唐人所辑的书论丛编中；三是由宋人书论丛编收录，但宋以前未见提起的羲之书论，这部分情况更为复杂，其时代、撰者都值得斟酌。尽管如此，至少六篇书论可视作大王派书法理论的最初说明与总结。

　　早在秦汉时期的书法家就将自己的经验总结出来，提高到理论的高度，给后人留下了不少著作，例如秦朝李斯的《论用笔》、西汉萧何的《论书势》、东汉蔡邕的《笔论》《九势》等。这些理论一般都比较零散简略，到了东晋王羲之，将书法理论水平提高到新的高度，使之更加系统，更加深刻。王羲之的书法理论著作有《书论》《自论书》《题卫夫人〈笔阵图〉后》《笔势论十二章》《记白云先生书诀》等。

一、《书论》

　　王羲之《书论》载于北宋朱长文《墨池编》等书。其论既承卫铄，又继蔡邕，重要的是"字居心后，意在笔前"之"心""意"之说。"心""意"指的是意会、意趣、情韵、情致。"势"指的是由此"心""意"引申而来的对于所书字形的具体审美要求。"势"的把握，就是字的形体动态美的创造，就是书法主题个性的充分展示，无论是临摹、构思还是创作都是这样。王羲之以"意"评书，这是书法艺术走向独立、自觉在理论上的反映。

原文

夫书者，玄妙之伎也，①若非通人志士，②学无及之。大抵书须存思，余览李斯等论笔势，及钟繇书，骨甚是不轻，恐子孙不记，故叙而论之。③

夫书字贵平正安稳。先须用笔，有偃有仰，有欹有侧有斜，或小或大，或长或短。凡作一字，或类篆籀，或似鹄头；④或如散隶，或近八分；或如虫食木叶，或如水中蝌蚪；或如壮士佩剑，或似妇女纤丽。欲书先构筋力，然后裁束，必注意详雅起发，绵密疏阔相间。⑤每作一点，必须悬手作之，或作一波，抑而后曳。每作一字，须用数种意，或横画似八分，而发如篆籀；或竖牵如深林之乔木，而屈折如钢钩；或上尖如枯秆，或下细若针芒；或转侧之势似飞鸟空坠，或棱侧之形如流水激来。作一字，横竖相向；作一行，明媚相成。第一须存筋藏锋，灭迹隐端。用尖笔须落锋混成，无使毫露浮怯，举新笔爽爽若神，即不求于点画瑕玷也。⑥为一字，数体俱入。若作一纸之书，须字字意别，勿使相同。若书虚纸，用强笔；若书强纸，用弱笔。强弱不等，则蹉跌不入。⑦凡书贵乎沉静，令意在笔前，字居心后，未作之始，结思成矣。仍下笔不用急，故须迟，何也？笔是将军，故须迟重。心欲急不宜迟，何也？心是箭锋，箭不欲迟，迟则中物不入。夫字有缓急，一字之中，何者有缓急？至如"乌"字，下手一点，点

---

① 玄妙：深奥微妙。伎：通"技"。
② 通人：谓学识渊博贯古通今的人。志士：有高尚志向和节操的人。
③ 存思：用心思索。李斯等论笔势：相传秦相李斯曾著《笔妙》论势："书之微妙与道合，然篆籀之前不可得而闻矣。"叙：记述。
④ 篆籀：篆书及籀文。籀文，周代文字，即大篆。鹄头：大雁的头。相传古代的一种书体。
⑤ 详雅起发：详雅，安详温雅。详，通祥。起发，出发。开始提笔写字。绵密疏阔相间：谓稠密开阔相间隔。指字的结体及章法安排，有疏有密，疏密相间，乃为佳作。
⑥ 爽爽若神：爽爽，俊朗出众的样子。意为俊朗清新若神明气爽。瑕玷：玉上的斑点或裂痕，比喻小毛病。
⑦ 蹉跌：失势，相差。不入：不合。

须急，横直即须迟，欲"乌"之脚急，斯乃取形势也。每书欲十迟五急，十曲五直，十藏五出，十起五伏，方可谓书。若直笔急牵裹，此暂视似书，久味无力。仍须有笔著墨，下过三分，不得深浸，毛弱无力。墨用松节同研，[1]久久不动弥佳矣。

释文

书法，是门深奥玄妙的技艺，倘若不是学识通达、志向高远的人，学了也难以达到神妙的境界。一般来说，学书法必须专心致志，我读李斯等人关于笔势的论书，以及钟繇的书法，骨力很是不轻，恐怕后世子孙们不注意，所以加以阐述论析。

大凡作书，字以平正安稳为贵。首先必须用笔有俯有仰，有欹有侧有斜，或大或小，或长或短。每写一个字，或类似篆籀体，或类似鹄头书；或者像散隶，或近于八分；或像虫食木叶斑驳有致，或者如水中蝌蚪生动活泼；或如壮士佩剑英武挺拔，或像妇女苗条秀美。作书先要构成字的筋骨气力，然后加以装束，必须注意起笔转笔的安详脱俗，点画与字之间的疏密相间。每写一点，必须悬腕下笔，如果写一捺，必先顿挫一下然后行笔。每写一个字，必须运用多种笔意，或横画像八分，而发波却如籀篆的笔意；或竖画像树林中的乔木挺立，而曲折之处却像钢钩那样强劲；或上端尖细如枯禾秆，或下端纤细像针尖；或环转倾斜之势如飞鸟自空中俯冲，或棱角欹侧之形像激流奔来。写一字，笔画之间要互相配合呼应；作一行，字与字之间明媚多姿相映而成其美。第一必须有筋骨、能藏锋，隐灭笔锋毫端的痕迹。用尖笔须要落锋浑然天成，不要使笔毫虚尖显露，轻浮怯弱，提起新笔要爽朗英发如有神助，就不要只顾笔画的瑕疵。每作一字，应把多种书体的意趣都掺入进去。如果写一幅字，

---

① 松节：松树结疤。因其中含有油脂，可使墨色更有光泽。

必须每一个字的意趣都有所区别,切忌相互雷同。纸质柔软的,就用硬毫笔;纸质硬的,则用软毫笔。如果软硬不互相配合调剂,便会导致笔法蹉跌,失势不合。

大凡作书,贵在沉稳,要使意在笔前,构思之后写出,在没有动笔之前,构思就已经成竹在胸了。下笔时仍然不能匆忙,这是为什么呢?笔好比是作战时的将军,所以必须谨慎稳重。但思维要敏捷,不可迟疑,这又是为什么呢?因为心意如同箭锋,发前不要迟缓,迟缓则中物不深。就字来说也有缓急之分,为什么一字之中也要有缓急呢?譬如写"乌"字,下笔就是一点,点就必须急,横直就要迟缓,最后一钩出锋也要迅疾有力,这种急与缓的安排,也正是为了体现"乌"字的体势形态。每当作书,在用笔上要有迟有急,要多迟少急;有曲有直,多曲少直;有藏有露,多藏少出;有起有伏,多起少伏。这样才能称为是书法。如果用直笔快速写成萦回牵裹的线条,乍看好像是书法作品,久一回味就感觉毫无笔力了。还需注意用笔着墨方面,下笔不过三分,不应濡墨太深,免得浸墨太深使笔毫软弱无力。墨用松节一道研磨,使色泽历久不变那就更好了。

评析

《书论》,迄今书界都认定确为王羲之所撰,是一篇技法美学论文。从数百字的短文内容前后重复来分析,也不能排除有后人集撰的可能性,很可能由后人穿靴戴帽强凑成文。不过虽有词语上的差错,却也有当时一股人难以伪托的真知灼见。因为无筋无骨,笔锋孤露的笔画太浮薄。浮薄为什么不美?以人观天地,天地人格化了;以人观书法,书法人格化了。在现实里,人鄙薄浮薄之人,作为人的精神气格对象化的书法形象,人也以浮薄为丑。把书法形象当作人格化的、人的心志、形质的形象来创造,从不自觉到自觉,人们不断地摸索、实践,虽然到现在还不是所有书家都能充分认识到这一点,但一切具有美学价值和意义的书艺却不能不知这一点。

二、《自论书》

原文

吾书比之钟张当抗行，或谓过之；张草犹当雁行，张精熟过人，临池学书，池水尽墨，若吾耽之若此，未必谢之。后达解者，知其评之不虚。吾尽心精作亦久，寻诸旧书，惟钟张故为绝伦其余为是小佳，不足在意。去此二贤，仆书次之。顷得书，意转深，点画之间皆有意，自有言所不尽。得其妙者，其事事皆然。平南、李式论君不谢。

释文

我的书法比起钟繇、张芝，与钟繇可以抗衡，或者说超过他；张芝的草书还要在我的前列。张芝精熟超过众人，他临池习书法，池塘的水都成了墨色，如果我下功夫到这样程度的话不一定逊于他。后世通达解悟的人，知道王羲之的评论是不假的。我尽心精意地作书也很久了。遍观以往书家的作品，唯有钟繇、张芝实在是超群绝伦，其余诸家都是稍有佳处，不足以引起注意。除了钟、张二位贤者，我的书法应当列在其后了。近来觉得自己的书法意蕴转向深邃了，点画之间都有意趣，自然有些用语言不能完全表达出的妙处，其实事事也都如此。平南将军王廙、侍中李式，评论我不逊色于魏夫人，就不谢了。

评析

《自论书》的有关内容，南朝虞龢的《论书表》有过表述，《晋书·王羲之传》也有载录，唐代孙过庭《书谱》曾复引。它们虽有字句上小的差异，但大意则一致。根据唐代张彦远《法书要录》所载的全文，《自论书》共一百二十余字，是一篇王羲之自评书的记录。对于王羲之的书法理论著作很多人认为是伪托，不足信，唯对这篇书论历来没有争议。后人普遍认为"六朝品评人物风气特盛，超逸之士的言谈往往播于世上，传为美谈。"经过流传，人们将此记录下来是很自然的事,至于各种古籍所载的《自论书》个别处有所不同也是可以理解的。

王羲之将自己的书法艺术放在中国书法史这个高层次上来衡量,他认为:"惟钟张故为绝伦,其余为是小佳,不足在意。"而他自己的书法与钟繇、张芝则不相上下,呈并行之势,或者有些地方超过他们,与张芝的草书相比,其水平尤其接近。王羲之对自己书法艺术的评价是中肯而客观的,并没有言过其实,也没有谦谦君子之态,充满了一代大师的自信。王羲之学习钟繇、张芝是花过一番苦功的,钟繇的《宣示表》曾得到王氏家族的高度重视,家族中很多人都临习过,唯有王羲之的书法与之相比有过之而无不及。王羲之曾说他"真书胜钟,草故减张",其实王羲之的草书天然纯真,气韵生动,公认胜张,如今从《十七帖》等草书可以看出。王羲之承认张芝的"临池学书,池水尽墨"的功夫,但王羲之晚年的功力并不比张芝逊色。

这篇书论对书法创作提出了王羲之自己的观点:"须得书意转深,点画之间皆有意。自有言所不尽、得其妙者,事事皆然。""意"存在于点画之间,而不是在点画的表面,这种"意"是玄妙的、高深的,只能意会而难以言传。他认为,"意"是书法的最高境界。后人评论王羲之的书法艺术时说"出神入化"就是说它具有"意"的内蕴,"意"是玄学的"意",以表示玄学的情愫。用书法作为玄妙感情的抒发,早在卫夫人的《书论(传)》中,就已经提出把"意"和形式看成一个整体,作为创作构思前的一种准备,王羲之对"意"做了进一步深化,将"意"作为"书法"和非书法的界限。

三、《笔势论十二章》

《笔势论十二章》原题为《笔阵图十二章》,王羲之撰。载于唐代韦续《墨薮》。南宋陈振孙《直斋书录解题》没有标明作者,而是说"不知何代所辑"。《四库全书》没有指出此文是韦续所辑。孙过庭《书谱》云:"代传羲之《与子敬笔势论十章》。"可能《笔阵图十二章》在初唐已经流传。《墨薮》原题为《笔阵图十二章》，说明此文与《笔阵图》《题卫夫人〈笔阵图〉后》有联系，有人分析《题后》有可能是从本文中摘录汇集而成的。孙过庭认为，"右军位重才高，调清词雅"，而《笔势论十章》"文鄙理疏，意乖言拙"，所以他断定此文绝非出于右军之手。孙过庭所说的《笔势论十章》是否是我们今天所见的十二章已无从查考。《笔势论十二章》是否是王羲之所撰仍值得探讨，但认为是王羲之一派的书论，则无大的争议。

1. 序言

序言首先言明这是给他儿子子敬（王献之）学书所撰。研习书法，不但要有悟性，还要娴熟其规矩，故写了十二章。章有所指，定其模楷，详其舛谬，撮其要实。

学习掌握篆籀书并不难，"功省而易成"这话是有道理的。虽然在今天看来，篆籀书笔画繁复，记忆困难，但就用笔而言，它比隶、楷、草、行来得简单。古代入学书专注，时间充裕，所以写好篆籀并不是太困难的事。但无论写什么书体，都要熟练地掌握其他一些书体，而后专攻一种，这样必然会"形彰而势显"了。

原文

告汝子敬：吾察汝书性过人，仍未闲规矩。父不亲教，自古有之，今述《笔势论》一篇，开汝之悟。

凡斯字势，犹有十二章，章有指归，定其模楷，详其舛谬，撮其要实，录此便宜。或变体处多，罕臻其本；转笔处众，莫识其源。悬针垂露之踪，难为体制；扬波腾气之势，足可迷人。故辨其所由，堪愈膏肓之疾。今书《乐毅论》一本及《笔势论》一篇，贻尔藏之，勿播于外，缄之秘之，不可示之诸友。

穷研篆籀，功省而易成，纂集精专，形彰而势显。存意学者，两月可见其功；无灵性者，百日亦知其本。此之笔论，可谓家宝家珍，学而秘之，世有名誉。笔削久矣，罕有奇者，始克有成。研精覃思,考诸规矩,存其要略,以为斯论。初成之时,同学张伯英欲求见之,吾诈云失矣,盖自秘之甚,不苟传也。

释文

告诉你,子敬,我察觉你学书法的悟性超过常人,但还没有娴熟于规矩。父亲不亲自教儿子,自古就有此说法。现在我著述《笔势论》一篇,来启发你的悟性。这里论到的字势,总起来有十二章,每一章都有它的意旨,定下它的标准、楷模,详细指出这方面的错误,摘出它最重要、最实际的东西,记录在这里方便适用。可能遇到一幅字中多处变体,但很少能触及书法的根本;圆转用笔的地方屡见,而没有认识到笔法的来源。悬针垂露的笔迹,难以成为一种体制;而波浪翻空,云气蒸腾的势态,又足以使人迷惑,所以我要辨明书法的缘由,治愈那些病入膏肓的俗书。现在我写《乐毅论》一本和《笔势论》一篇,留给你藏好,不要传播给外人,秘密地封存收藏,不要给朋友们看。深入地研究篆籀,可以省些功夫而容易成功,编辑各家精品专长,可以让字形更清晰,体势更显著。留心学习的人,两个月就可以见到他的灵感成功;没有灵感和悟性的人,一百天也能知道书法的根本。这个笔论,可以说是家宝家珍,学习它还要秘藏它,会在世间享有声誉的。笔使用太久了,写成的字就少有奇绝的。我精心研究,深入思考,验证了各方面的规矩,保留它最简要的梗概,作成这篇《笔势论》。刚完成的时候,同学张伯英要求看看,我谎称丢了,那是自己非常珍秘此书论,不随便外传。

2. 创临章第一

原文

夫纸者阵也,笔者刀矟也,墨者鍪甲也,水砚者城池也,本领者将军也,心意者副将也,结构者谋策也,扬笔者吉凶也,出入者号令也,屈折者杀戮也,点画者磊落也,戈旆者斩斫也,放纵者快利也,著笔者调和也,顿角者蹙捺也。始书之时,不可尽其形势,一遍正手脚,二遍少得形势,三遍微微似本,四遍加其遒润,五遍兼加抽拔。如其生涩,不可便休,两行三行,创临惟须滑健,不得计其遍数也。

释文

纸张如同战阵,笔如同刀、槊等兵器,墨如同盔甲,水与砚如同城池,运笔的本领好像是将军,结构如同计谋与策略,从笔的挥运中可知顺利艰难,笔锋的出入无不应节听令,用笔的一曲一折,如同挥刀砍杀,一点一画,错落分明。写一个飞戈,如同斩截斫断,豪放纵肆之处,愈见峻快锋利,着笔含蓄,滋润调和,顿笔的芒角处实际是写捺一波三折的浓缩。开始临写的时候,不可能一下子就穷尽帖的形势。第一遍搭好架子把字写端正,第二遍少许得到帖中字的形势,第三遍写得稍微有点像帖,第四遍加以遒丽滋润,第五遍再加上抽毫跳跃,往来映带。如果临写生涩,不能就此停下来,两行三行,临写只求写得流利劲健,不要算计临了多少遍。

评析

本文将创临列为第一是有见地的,书法艺术和其他艺术一样,必须继承传统,学习前人。当然,前人的经验可以诉诸文字,但有些问题难以用文字表达。而在他们的作品上可以清楚地看到,光欣赏分析还不能奏效,必须临摹以掌握其要领、技巧,要不厌其烦地一遍、二遍、三遍、四遍、五遍临摹,但也不要单纯地追求遍数,要以达到"滑健"纯熟为目的。这里体现了一种辩证观点,临摹必须坚持一定遍数,但光有遍数也不行,还必须达到"遒润""抽拔"的要求。

临摹名家作品要求理解和有悟性,最终是为了掌握别人的笔意技巧。临摹要循序渐进,每一次、每一阶段都应有具体要求,这样才有好的效果。这种方法对我们临帖有重要的参考价值。

3. 启心章第二

原文

　　夫欲学书之法，先干研墨，凝神静虑，预想字形大小、偃仰、平直、振动，令筋脉相连，意在笔前，然后作字。若平直相似，状如算子，上下方整，前后齐平，此不是书，但得其点画耳。昔宋翼（乃钟繇弟子）。尝作是书，繇万叱之，翼三年不敢见繇，即潜心改迹。每作一波，常三过折；每作一囗，常隐锋而为之；每作一横画，如列阵之排云；每作一戈，如百钧之弩发；每作一点，如危峰之坠石；囗囗囗囗，屈折如钢钩；每作一牵，如万岁之枯藤；每作一放纵，如足行之趋骤，状如惊蛇之透水，激楚浪以成文。似虬龙之蜿蜒，谓其妙也；若鸾凤之徘徊，言其勇也。摆拨似惊雷掣电，此乃飞空妙密，顷刻浮沉，统摄铿锵，启发厥意。能使昏迷之辈，渐觉称心；博识之流，显然开朗。

释文

　　学习书写的方法，先要磨好浓墨，集中意念，考虑好字形的大小、偃仰、平直、振动，这样就会使笔锋脉络互相连属。构思成熟了，然后才可落笔写字。如笔画平直呆板，一个字一个字像摆算筹，上下方整，前后齐平，这不是书法，顶多不过是会一些点画的写法而已。过去，钟繇的学生宋翼就曾经这样写字，钟繇严厉批评了他，使得宋翼三年都不敢见老师，遂即潜心改变笔法。每写一笔平捺，要有三次折笔；每写一笔竖画，要隐锋藏头；每写一笔横画，如同天边层积的云彩；每写一"戈"，如同拉开百钧的弓弩发射；每写一点，应如从险峰上坠下的石头；每写一钩，其转折处如钢钩坚挺有力；每写一笔牵连，要如万年的枯藤；每写一纵捺，应如疾步奔走，形状好像惊蛇出水，激扬楚水之浪而成自然的纹理。书写像蜿蜒的虬龙，这是比喻它的妙处；像鸾凤徘徊，这是说它的英勇。运笔左摆右拨似惊雷掣电，这就是用笔的空灵神奇，一瞬间笔墨立见沉浮，笔端统摄铿锵的力量，这足以启发人们的意气。它能使蒙昧的人逐渐产生同感，使博识的人更通达开朗。

评析

本文列入第二要点的是"启心",所谓启心,就是启迪心意,要求作者在书法这一抽象的艺术中表现自己的思想和意向,做到书意和心意一致,这是一种很高的要求。晋成绥公《隶字体》云:"应手隐心,心由意晓。"即要求书法有意境。蔡邕《笔论》:"纵横有所象者。""象者"不是指象物的外形而是指某种形态的精神气势,不是点、画、字的外形如惊蛇、楚浪、虬龙,而是神似字的形体结构,这对于一个初学者来说是十分重要的。各种字体都有一定的特征规范,书法不能超越这个规范,但这也不是刻板的,不可变化的,但要求万变不离其宗,在变化中仍要保留字体的基本面貌和总体风格的一致,字的点画远近安排必须和谐适当;点画的布局应该精心研究,点画的疏松、紧密相附,做到疏密有致,字要写得方圆周正。这里的"圆"指结体。胡小石在《书艺略论》中对方圆的特定含义做了这样的阐述:"凡言用笔,首辨方圆。方圆之分,形貌外须注意其使转之迹:方者多折,断而后起,昔人譬之为折钗股;圆者转换不断。"研习书法首先要知道笔势的源本由来,各种书体的笔意,融古今书法为一体,做到"古不乖时,今不同弊"。

4. 视形章第三

原文

视形象体,变貌尤同;逐势瞻颜,高低有趣。分均点画,远近相须;播布研精,调和笔墨;锋纤往来,疏密相附;铁点银钩,方圆周整。起笔下笔,忖度寻思,引说踪由,永传今古。智者荣身益世,方怀浸润之深;愚者不俟佳谈,如暗尘之视锦。生而知者发愤,学而悟者忘餐。此乃妙中增妙,新中更新。金书锦字,本领为先,尽说安危,务以平稳为本。分间布白,上下齐平,均其体制,大小尤难,大字促之贵小,小字宽之贵大,自然宽狭得所,不失其宜。横则正,如孤舟之横江渚;竖则直,若春笋之抽寒谷。

释文

观察字形，拟仿体势，虽外貌改变其形质仍然相同，顺着笔势去观察外貌，高低错落很有趣味。均匀分布点画，使之远近呼应；点画的分布要精心研究，笔墨要滋润调和。锋芒牵连往来引带，疏密互相配合，一点坚劲如铁，一钩精丽如银，方笔、圆笔周到完整。起笔、下笔要仔细思考。引证古人的学说寻求其来由，使之能长久地流传。智慧的人擅长书法，可以得到荣耀，有益社会，这才使人意识到书道影响的深远；愚笨的人不待谈到书法的佳处，犹如在昏暗尘封之处看不到锦帛的光鲜一样。生而知之者益发动奋，通过学习而有所悟的人，常常忘记饮食。这才是妙趣中又增加妙趣，新颖中更出新颖。再华贵的翰墨，用笔的本领为先，说尽字势的险夷变化，务必先以平稳为本。分间布白，上下齐平，使字的体制在视觉上均匀，处理字的大小更难。大字要约束它，贵在写得小；小字要舒展它，贵在写得大。这样就自然宽窄各得其所，不失它自然的姿态了。横画要写得正，像孤舟横靠在江渚边；竖画则要直，像春笋破土而出在寒冷的山谷中。

评析

通篇结构，分间布白、行与行之间要写得"上下齐平"。字必须写得"均其体制"，"大字促之贵小，小字宽之贵大"。但有人持不同观点，清代包世臣曾经说："古帖字体大小颇有相径庭者，如老翁携幼孙行，长短参差，而情意真挚，痛痒相关。"①笔者认为两人所说都是对的，《视形章》是对所学者学习篆、隶、楷书体而言的，而包世臣讲述的是草书。

如果草书写得"上下齐平"，字写得一样大小，还有什么艺术性可言呢？如果篆、隶、楷体写得大小悬殊长短参差很大，怎能成立呢？试想上述两文的作者均是大家，他们的理论绝不会发生如此大的漏洞。

---

① 〔清〕包世臣：《艺舟双辑·答熙载九问》

5. 说点章第四

原文

夫着点皆磊落似大石之当衢，或如蹲鸱，或如蝌蚪，或如瓜瓣，或如栗子，存若鹗口，尖如鼠屎。如斯之类，各禀其仪，但获少多，学者开悟。

释文

每落一点，都要峻厚像大石块立在街心，或者要像蹲踞的鸥鹍，或像游动的蝌蚪，或者像瓜瓣，或者像栗子，落笔处如猫头鹰的尖嘴，出尖的地方像老鼠屎。写点要如这些形象，各赋以合适的姿态。不论收获多少，学习书法的人可以由此开发悟性。

6. 处戈章第五

原文

夫斫戈之法，落竿峨峨，如长松之倚溪谷，似欲倒也，复似百钧之弩初张。处其戈意，妙理难穷。放似弓张箭发，收似虎斗龙跃；直如临谷之劲松，曲类悬钩之钓水。峻增切于云汉，倒载陨于山崖。天门腾而地户跃，四海谧而五岳封。玉烛明而日月蔽，绣彩乱而锦纹翻。

释文

下笔斩钉截铁地写出戈钩的方法，如同立起一根高耸的长竿，如同高大的松树，侧立于溪流峡谷之上，欹斜之势好像要倾倒，又好像有百钧之力的弓弩刚刚被拉开。这里隐有戈的意思，但奥妙的道理是难以说尽的。笔锋舒放好像拉开的弓，射出的箭，收笔处又像猛虎相斗，蛟龙腾跃；笔画劲直，如同生长于峡谷之畔的劲松；弯曲，又类似临水垂钓的鱼钩。（笔势峻拔）如同直插云汉的高峰，险绝又如要倾倒的山崖。（笔势生动）如天之门，祥云翻腾，大地之户瑞气跃动。（笔势静穆）如同四海静谧而五岳肃立以行祭天之礼；（笔法的高明）如四时调和，政治清明，祥光如玉烛比日

月更明亮。（笔法的妍美）如鲜艳的织绣色彩纷呈，锦帛上
的纹样活泼飞动。

《说点章》《处戈章》分别讲述点与戈的形态和精神。

7. 健壮章第六

原文

夫以屈脚之法，弯弯如角弓之张，"鸟""焉""为""乌"
之类是也。立人之法，如鸟之在柱首，"彳""亻"之类是也。
腕脚之法，如壮士之屈臂，"凤""飞""凡""气"之例是也。
急引急牵，如云中之掣电，"日""月""目""因"之例是也。
腕脚挑斡，上捺下□，终始转折，悉令和韵，勿使蜂腰鹤膝。
放纵宜存气力，视笔取势，行中廓落，如勇士伸钩，方刚对
敌。麒麟斗角，虎凑龙牙，筋节拿拳，勇身精健。放法如此，
书进有功也。牵引深妙，皎在目前，发动精神，提撕志意，挑
剔精思，秘不可传。夫作右边折角，疾牵下微开，左畔斡转，
令取登对，勿使腰中伤慢。视笔取势，直截向下，趣义常存，
无不醒悟。

释文

屈脚钩的写法，如同拉开弯弯的角弓，"鸟""焉""为"
"乌"字下面的一钩就是这样。立人的写法，像鸟立在柱头，
"彳""亻"之类就是这样。腕脚的写法像壮士弯曲的胳膊，
"凤""飞""凡""气"这些字的抛钩就是这样。快速地牵引
连带，如同云中的闪电，"日""月""目""因"这些字就是如
此（此处指这些字的草书）。笔的各种运动，如腕脚挑趯斡
旋。刚在上面重按写捺，又在下面轻撩运行，用笔的起止转
折，都要在和谐的韵律之中，不让它忽然轻细得像马蜂的
腰，又忽然粗重得像鹤的膝关节。奔放纵肆要内存气力，看
笔画的形状取势。行笔要宽宏、旷达，如同勇士伸出钩攘，
刚勇地面对敌人。麒麟以角相斗，龙虎以牙相争，（像力士）
攥紧拳头而筋节隆起，愈显勇武，精悍健壮，如果放纵的运
笔得到了上述要领，书法就会大大进步而具有功力了。笔

画间的牵连引带,深奥而微妙,清晰地展现在眼前,而最能振作字的精神,突破沉闷,展现作者的意志,挑趯处精心构思,这里有不可言传的秘密。写右上的折角,要迅速地带过向下,而笔毫稍微铺开;写左下方的转角"乚",要与右上角相互应对,不要让中腰关键处有缓慢的毛病。看笔画的形态而决定它的动势,竖画横截入笔,随即向下行笔,笔法的意趣常常就在这里面。体会到这些,学书的人没有不醒悟的。

评析

《健壮章》在论及点画笔法之后提出了"悉令和韵"的观点,书法的点画就局部来说,有一定的要求和书写的技巧,例如要避免像"蜂腰鹤膝"一类的毛病。局部毕竟是局部,一个字的局部写得很好,但整体上看很不统一,最终会归于失败。罗丹在完成一尊人物雕塑以后,征求他学生的意见,那位学生非常欣赏人物的一双手,结果罗丹把那双手卸掉了。这个例子说明,局部必须服从整体,要使各部分有机地联系在一起,达到和谐。"和谐即美"这个论点,虽然有它的局限性,但也有一定道理,杂乱无章则无美可言。局部与整体的配合犹如各种音节组成一个乐章,使之产生韵律感。在书写的过程中不能死守某种技法,要"视笔取势",灵活处理,"势"就是一个整体。

8. 教悟章第七

原文

凡字处其中画之法,皆不得倒其左右。右相复宜粗于左畔,横贵乎纤,竖贵乎粗。分间布白,远近宜均,上下得所,自然平稳。当须递相掩盖,不可孤露形影及出其牙锋,展(辗)转翻笔之处,即宜察而用之。

释文

凡是写字处理中画的方法,都不能倾倒笔毫在笔画的左右两边。左右相同的笔画(主要指竖),右边的应比左边的粗些。横画贵在细,竖画贵在粗。结构布局,远近、上下应均衡得所,自然平稳。应当要依次相互掩映,不可将某一字画孤立地突出,显露出它的尖锋来。在辗转翻笔的地方,便应当细察而运用它。

评析

《教悟章》讲述的是字的笔画、布局的处理。一个字中间的一画,对整个字是至关重要的,不能随便偏于那一边;左右有竖画的字右边要比左边粗些,写竖画要比横画粗一些;结构布白要均衡,自然平稳。整篇的字不可以将某个字孤零零地显露出它的尖锋来,辗转翻笔要细察而运用。上述种种,都是作者从实践中总结出来的经验,从今天的审美观点看也还是值得学习的。当然任何艺术法则都是相对的,但对初学者来说是不容忽视的。

9. 观形章第八

原文

夫临文用笔之法,复有数势,并悉不同。或有藏锋者大,藏锋在于腹内而起。侧笔者乏,亦不宜抽细而且紧。押笔者入,从腹起而押之。又云:利道而率,押即合也。结笔者撮,渐次相就,必始然矣。参乎妙理,察其径趣。憩笔者俟失,憩笔之势,视其长短,俟失,右脚须欠也。息笔者逼逐,息止之势向上,久久而紧抽也。蹙笔者将,蹙,即捺角也;将,谓劣尽也。缓下笔,要得所,不宜长宜短也。战笔者合,战,阵也;合,叶也。缓不宜长及短。厥笔者成机,促抽上勿使伤长。厥,谓其美也,视形势成机,是临事而成最妙处。带笔者尽,细抽勿赊也。带是回转走入之类,装束身体,字含鲜洁,起下笔之势,法有轻重也。尽为其着而后反笔抽之。翻笔者先然,翻转笔势,急而疾也,亦不宜长腰短项。叠笔者时劣,缓不宜长。起笔者不下,于腹内举,勿使露笔,起止取势,令不失节。打笔者广度。打广而就狭,广谓快健,又不宜迟及修补也。

王羲之 评传

作字行文用笔的方法,还有好几种笔势,罗列起来都不相同。或有藏锋的动作大,从笔画的中部入笔。侧锋用笔虽然粗重但缺乏力,然而也不可提起笔只用中锋,使笔画过细而且紧绷。用押笔法入笔,从笔画的中部入笔,用笔毫的一面触纸重按称为押笔。又可以说,正好借上一笔的余势自然地带入,这种用押笔就对了。收笔处用撮笔法,要使笔毫慢慢地收拢,必须让它如当初入笔时一样坚挺,参透这奥妙的道理,察觉它的门径和趣味。憩笔的方法是俟失。憩笔的笔势,要看它的长短、俟失,右边的捺脚一定要好像有缺失(即缺波),息笔就是促使笔锋尽快离纸,息笔要用息止的笔势运笔向上,慢慢地收紧。蹙笔(指写挑)的方法是将。蹙,就是捺的尖角;将,是指笔常在重压后散破而又要尽势收敛到捺脚。写捺,要慢下笔,要得位置,捺脚要短不要长。战笔的方法就是要合。战,指战斗阵形;合,指相互策应,配合默契,从容地运笔,不要在此时还考虑是短是长了。厥笔能成为美妙的关键所在。提笔收毫而上行,不要让笔画太长。厥,是说这一笔很美,要看笔画的形式。随机运笔让它成为最具妙趣的地方。带笔的方法要尽。带笔要提笔轻行,不要重按,而使笔画粗重。带,是回转笔锋自然运笔一类的方法,因为提笔而行,笔毫似乎裹束着。笔迹滋润光洁,起落笔的力度、笔法有轻有重。尽,就是着纸之后,返回执笔出峰。(按:这种带笔不可拖出,结束时一定要逆行收锋。)翻笔的方法是用在前面,翻转笔势,速度要快,也不可入笔太远,造成笔画中很长一段粗肥(长腰)。更不可翻转的动作太小,造成入笔生硬,与行笔脱节(短项)。折叠笔处时常出破锋,所以运笔要缓,不要动作太大。起笔处不要直下,要从笔画中部开始入笔,不要露锋,起笔住笔要把握笔势,不要让其失去节制。打笔的方法要快而重,落笔广而行笔渐狭。广,就是说快而有力,而且不能迟缓和修补。

评析

《观形章》开门见山云："夫临文用笔之法，复有数势，并悉不同。"

"观形"就是用笔之神采，各种用笔中的运动方式和笔画有不同的形态。文章具体地论述了藏锋、侧笔、结笔、憩笔、息笔、蹙笔、厥笔、带笔、翻笔、叠笔、起笔、打笔等运笔方法及其得失。

10. 开要章第九

原文

夫作字之势，饬甚为难，锋铦来去之则，反复还往之法，在乎精熟寻察，然后下笔。作丿字不宜迟，乀不宜缓，而脚不宜赊，腹不宜促，又不宜斜角，不宜峻，不用作其棱角。二字合体，并不宜阔，重不宜长，单不宜小，复不宜大，密胜乎疏，短胜乎长。

释文

写字的笔势，很难准确地概括出来。笔锋来去的法则，反复往回的方法，在于先精熟明察，然后下笔。写丿的用笔不能慢，乀的行笔不可松缓，而捺脚更不要太宽太重，捺的腹部不能太细瘦，捺脚又不宜上挑出斜角，不要太尖利，不要故作棱角。两部分构成的合体字，并排的不要太宽，上下叠放的不要太长，独体字不要太小，多个部首构成的字也不能太大，茂密胜于凋疏，字形扁胜于字形长。

评析

《开要章》根据字面上的解释是揭示书法美要点的一章。这一章首先对笔画的迟、缓、赊、促做了论述。文章云："二字合体，并不宜阔，重不宜长。"这是针对书法初学者常出现的毛病而论的，例如"弱"字、"喜"字不能写得太阔，而"炎"字、"吕"字不能写得太长。"单不宜小，复不宜大"，这也是好理解的，笔画较少的独立字，它在布局中不能太小，而两个单字组成的笔画复杂的合体字，它在布局中不能写得太大。至于文中最后所述"密胜于疏,短胜于长"就不尽然了,书风主疏主密,难分轩轾,各有千秋,不能以此分高下;"短胜于长"是以王羲之的书法审美标准衡量的,因为他的字结体偏短,而王献之与其父亲的书风不同,他的字结体偏长同样是美的。

11. 节制章第十

原文

夫学书作字之体,须遵正法。字之形势不得上宽下窄;如是则是头轻尾重,不相胜任。不宜伤密,密则似病瘵缠身;不舒展也。复不宜伤疏,疏则似溺水之禽;诸处伤慢。不宜伤长,长则似死蛇挂树;腰肢无力。不宜伤短,短则似踏死蛤蟆。言其阔也。此乃大忌,可不慎欤!

释文

学书作字的根本,必须遵守正确的法则。字的形势不能上宽下窄,不宜伤于密,密了就像有病缠身,不舒展;又不应当伤于疏,疏了就像溺水的禽鸟,到处松垮不紧;不要伤于长,长了就像死蛇挂在树上,腰肢无力;不能伤于短,短了就像踏死的蛤蟆一样扁阔。这些是学习书法的大忌,切不可不谨慎!

评析

书法理论和其他学科理论一样都是相对的、辩证的,前章所说的疏、密、短、长都有一个"度"的把握,适可而止,过分的密就好像疾病缠身,不舒展;太疏就如溺水之禽;太长像死蛇挂树;太短"则似踏死的蛤蟆"。写字必须遵循这些恰如其分的"正法"。书法的形势,是有一定限度的,所以这一章名"节制",作为上一章的补充说明。这些充分体现了王羲之书法理论的辩证思维。

12. 察论章第十一

原文

临书安帖之方,至妙无穷。或有回鸾返鹊之饰,变体则于行中;或有生成临谷之戈,放龙笺于纸上。彻笔则峰烟云起,如万剑之相成;落纸则椑盾施张,蹩踏江波之锦。若不端严手指,无以表记心灵,吾务斯道,废寝忘餐,悬历岁年,乃今稍称矣。

释文

临摹法书得以入帖的方法,最有无穷妙趣。或者有彩鸾回旋,喜鹊往返一样的优美字形,改变体势法则出现在一行之中;或者有像临深谷而生的长松一样的戈法,放笔龙腾一般地写在纸上。爽健的运笔如同烽烟云起,像万柄霜剑形成豪壮的气氛,笔墨落在纸上则像军中的酒宴,酒器列陈,持盾之士环立,踏皱了织有江波纹样的彩锦。如果不是端正严格的执笔,无法表达记录作者的心灵。我从事临帖之道,废寝忘食,不懈地经历多年,到现在稍觉称意了。

评析

《察论章》一开始便说"临书安帖之方,至妙无穷"可见观察、审视必须从临摹范本入手,作者以自己的亲身体会告诉初学者:"吾务斯道,废寝忘餐,悬历岁年,今乃稍称矣。"不断地向前人学习,不断进行艺术实践,自己才有长进,"若不端严手指,无以表记心灵",如果不正确、纯熟地掌握法度,是不可能以书法表达自己的感情的。

13. 譬成章第十二

原文

凡学书之道,有多种焉。初业书要类乎本,缓笔定其形势,忙则失其规矩。若拟目前要急之用,厥理难成,但取形质快健,手腕轻便,方圆大小各不相犯。莫以字小易,而忙行笔势;莫以字大难,而慢展毫头。如是则筋骨不等,生死相混。倘一点失所,若美人之病一目;一画失节,如壮士之折一肱。予《乐毅论》一本,书为家宝,学此得成,自外成就,勿以难学而自惰焉。

王羲之评传

释文

学习书法的要点有许多条。最初学书要学得像范本，缓动笔，把握好字的形势，急急忙忙就会失去规矩。如果只为眼前的急用，书理就很难掌握了。只要把握字的形质，迅速劲健，手腕要轻松灵便，字形大小协调统一而不相互抵触。不要以为字小容易写，而轻率行笔；不要以为字大难写，而行笔太慢，不能迅速使笔毫展开。这些都会使字的筋骨不协调，生动的笔画、死板的笔画相杂在一起，如果一点位置不恰当，就好像美人一个眼睛有毛病，一画写得不好，就像壮士断了一只胳膊。给你《乐毅论》一本，是我所书，为家传之宝，学这个能得到成功，自然以外各体也就容易学到了。不要以为难学而自己懒惰起来。

评析

《譬成章》为《笔势论十二章》的最后一部分，是说书法成功之道的。要求书法家在书写时要从容不迫，"缓笔定其形势"，所谓形势即包括每一个字的动感和整篇构成的气势。学习书法不能急功近利，追求一时的功用、名利，欲速成功，炫耀某一技艺，便难以得到书法的真谛，更谈不上成功。字的形体要爽快明朗，质地刚健有力。用笔的方圆，字的大小不能对立，要相互协调，不能以为小字容易，就忙于追求其姿态，不要以为大字难，就迟疑不决，笔势不爽。如果是筋骨配合不当，败笔混杂其中，缺少生气，就像一个人病疴缠身。最后指出要勤学苦练，"勿以难而自惰焉"。

四、《题卫夫人〈笔阵图〉后》

原文

夫纸者阵也，笔者刀矟也，墨者鍪甲也，水砚者城池也，心意者将军也，本领者副将也，结构者谋略也，扬笔者吉凶也，出入者号令也，屈折者杀戮也。

夫欲书者，先干研墨，凝神静思，预想字形大小、偃仰、平直、振动，令筋脉相联，意在笔前，然后作字。若平直相似，状如算子，上下方整，前后齐平，便不是书，但得其点画耳。

昔宋翼常作此书，翼是钟繇弟子，繇乃叱之。翼三年不敢见繇，即潜心改迹。每作一波，常三过折笔；每作一□，常隐锋而为之；每作一横画，如列阵之排云；每作一戈，如百钧之弩发；每作一点，如高峰坠石；□□□□，屈折如钢钩；每作一牵，如万岁枯藤；每作一放纵，如足行之趋骤。翼先来书恶，晋太康中有人于许下破钟繇墓，遂得《笔势论》，翼读之，依此法学书，名遂大振（震）。欲真书及行书，皆依此法。

若欲学草书，又有别法。须缓前急后，字体形势，状如龙蛇，相勾连不断，仍须棱侧起伏，用笔亦不得使齐平大小一等。每作一字须有点处，且作余字总竟，然后安点，其点须空中遥掷笔作之。其草书，亦复须篆势、八分、古隶相杂，亦不得急，令墨不入纸。若急作，意思浅薄，而笔即直过。惟有章草及章程、行狎等，不用此势，但用击石波而已。其击石波者，缺波也。又八分更有一波谓之隼尾波，即钟公《太山铭》及《魏文帝受禅碑》中已有此体。

夫书先须引八分、章草入隶字中，发人意气，若直取俗字，则不能先发。予少学卫夫人书，将谓大能；及渡江北游名山，见李斯、曹喜书，又之许下，见钟繇、梁鹄书；又之洛下，见蔡邕《石经》三体书，又于从兄洽处，见张昶《华岳碑》，始知学卫夫人书，徒费年月耳。遂改本师，仍于众碑学习焉。时年五十有三，恐风烛奄及，聊遗教于子孙耳。可藏之石室，勿传非其人也。

释文

纸张如同战阵，笔如同刀、矟等兵器，墨如同盔甲，水与砚如同城池，心意如同将军，运笔的功夫好像是副将，结构是计谋与策略，从飞速运笔中可知顺利与不畅，笔锋的出入无不应节听令，用笔的一曲一折如同挥刀砍杀。要想创作书法作品，先浓磨墨，集中思想静静思考，预先构想字形的大小、俯仰，平直、振动，使其筋脉相连，意在笔前，然后再写。如果平直相似，样子像算筹，上下方整，便称不上是书法，仅仅是得到一些笔画罢了。过去宋翼常写这样的字，宋翼是钟繇的弟子，钟繇就训斥他。宋翼三年不敢见钟繇，就认真地改变自己的字迹，每写一笔平捺，常常三次折笔；每写一笔竖画，常深藏笔锋而写成；每写一个横画，如同横贯长空的层云；每写一戈，如同有百钧之力的劲弩射出强矢；每写一点，如同高峰上落下的石头；每写一钩，如弯曲钢材而折成的钩子；每写一笔牵带，如同万年的枯藤；每写一个放纵的笔画，如同行走加快了步伐而趋于奔跑了。宋翼过去的字写得很差，晋武帝太康年间有人在许昌郊外盗钟繇的墓，于是得到了《笔势论》，宋翼读了，按照文中所说的去学习书法，名气于是大震。要想学习楷书和行书，都可按这个方法去学。

如果想学草书，又有别的方法，必须前面舒缓后面急促，字体形势，像龙蛇一样，笔画互相钩连不断，仍然要锋棱倾侧起伏，用笔也不能整齐平板，大小一样。每写一个字需要有点的位置，且把其他笔画写完，然后再安点，那点要在高处迅速落笔来写，犹如从空中抛下。草书，也要和篆书、八分书、古隶书相掺杂，也不能太急速潦草，致使（太快则）墨不入纸。如果急写，则意思浅薄，笔就一下直滑过去了。唯有章草和楷书、行书不能用这种笔势，只用一种叫作击石波的笔法，击石波也叫作缺波（按：是捺脚的一种夸张写法，如《兰亭序》中"欣"字的捺，如燕尾状。）另外，八分书还有一种捺叫作隼尾波（捺脚状如鹰隼的尾巴）。钟繇的《太山铭》和《魏文帝受禅碑》中已经有了这种体势。

写字先要引八分、章草的笔意到楷书当中，才能发人意气，如果直接取一般的楷书字去写，就不能先发人意气。我年轻时学卫夫人的书法，认为将会很有成就；等到渡过长江北游名山，见到了李斯、曹喜等人的书法，又到许昌，看到钟繇、梁鹄的书法，又到洛阳，看到蔡邕的《石经》三体书，又在堂兄王洽那里看到了张昶的《华岳碑》，方明白学卫夫人的书法，徒然浪费时间罢了。于是改变原来的师法，向各种名碑学习了。我现在五十三岁了，恐怕风烛残年忽然去世，就把这些留下来教给子孙吧。可以把它藏到石室之中，不要传给那些不值得传授的人。

评析

此篇是《笔阵图》的题记。《笔阵图》最早见于孙过庭《书谱》。孙在《书谱》中说："代有《笔阵图》七行，中画执笔三手，图貌乖舛，点画湮以上段落讹。顷见南北流传，疑是右军所制。"后来唐代张彦远将《笔阵图》收入《法书要录》中并标明是卫铄所撰，《题卫夫人〈笔阵图〉后》为王羲之撰，但特别说明"旧传"《笔阵图》是卫夫人撰"俱不可考验"。《书苑菁华》根据《法书要录》将《笔阵图》定为卫夫人所撰，而《题卫夫人〈笔阵图〉后》的作者为王羲之。《笔阵图》和《题卫夫人〈笔阵图〉后》的作者如今仍难以确定，多数学者认为上述二文在唐代以前已是旧传，它们产生于六朝似无疑。古代技艺一向保密，非家人不可传，卫夫人、王羲之为自己后代学书而撰也有可能。此二文就其文体、内容以及论述的书法要旨与六朝书论相一致，与王羲之流传下来的书法作品对照分析并不矛盾。孙过庭曾说当时流传的《笔阵图》是"图貌乖舛"，也许并不言过其实，因为在流传中辗转抄录，产生讹错，加之可能掺入读者自己的文意，致使与原来的面貌发生差异。

《题卫夫人〈笔阵图〉后》，很多人认为是正派书论的经典，如今仍有很高的研究和参考价值。

全文可分为五个段落，作者首先用比喻的方法，说明书法的工具材料、匠心、本领、结构、用笔在书法艺术中的地位与作用。

第二段落是论述书法艺术的创作方法，构思要领。在动笔之前先研墨集中思想，静静地思考，预先构想字形的大小、俯仰、平直、振动使筋脉相连，做到意在笔先，而后写字。

如果平直相似，上下方整如算筹一样，那就不是书法了，仅仅是得到一些字的点画罢了。这一部分提出了两个著名论点：即意在笔先。在书法创作前总有一个大致的构思阶段，这种构思有的较具体，包括字的大小、偃仰、平直、振动等考虑在内，有的人则考虑得比较粗略，无论是何构思，但在实际创作时出乎意外是常有的事，这就必须随机应变，不时地做调整。有时会在创作时出现意想不到的极佳效果，这就是所谓的"神来之笔"。我们不应否定在书法创作中有随机性和偶然性，作品最后的面貌往往与预先构想不相一致。但我们也不能因此而否定书法家在进行书法创作时有"意在笔先"的构思过程，大书法家在挥写那些杰作之前头脑中绝不是一片空白，"意"总是存在的，只是"意"的具体程度不同罢了。现代不少书法家在进行书法创作时，准确地说在进行书法表演时，握笔疾书，一会儿一幅"杰作"便诞生了。他预先背熟几首古诗反复练习书写，在表演前无须具体构思，只需把原先的模式背出来，即便是这样，也有个意在笔先的过程，只不过比较简单，想一下所背熟的那个作品再写就可以了。有人认为："意在笔先"在创作中是"意"对技术性问题的控制，这对意的理解虽然有些局限，但也是不错的，说明"意在笔先"是不可省略和避免的。本文中的"意在笔先"的"意"是指形象，蒋孔阳曾经说："中国画意在笔先，这意不是指思想，而是指结合了思想在内的形象。必须把形象在内心完全酝酿成熟，体态、神韵宛然如见，再行落笔。由于形象先已完整地成长起来，所以画出来的形象自然是一个完整的整体。"这虽然是对绘画而论的，但就书法而言，道理也基本一样。

　　这个部分的另外一个重要论点是"状如算子"，"便不是书"。书法艺术不同一般工艺，字的笔画、结体、上下前后必须富有变化，通过点线面的粗细、大小、刚柔对比变化产生美。平直相似，上下方整，前后齐平，如此刻板，就无美可言了，艺术和非艺术一个十分明显的特征是能否创造具有美感的艺术形象,作为艺术的书法是有这一特征的。如"状如算子"就失去了这一特征,就不能称其为艺术了,那只是一些点画凑合而已。

第三段落讲笔法技巧的重要性。钟繇的弟子宋翼起初作书如"算子"故受到了老师的批评,此后三年都不敢见他的老师,所以"潜心改迹"他所写的字。书论接着将笔画与自然界的万物相比拟,横画——列阵排云,戈——百钧弩发,点——高峰坠石等。

宋翼过去字写得很差,晋武帝太康年间,有人在许昌郊外盗钟繇墓时发现了《笔势论》,宋翼读了这部秘诀,领悟了作书实质,后来就名声大振了。可见古人对笔法技巧是非常保守的,不肯轻易传人,谁得到此类的文字就如获至宝。在流传的过程中,加进一些个人的经验和理解,这是很自然的。

在论述了楷书和行书以后,接下去论草书。这便是第四段落。草书的笔法技巧当然就有所不同了,草书要"状如龙蛇,相勾连不断",字形要像龙蛇一样灵活、多变。笔画相互勾连,但仍要锋棱起伏,用笔不得任其齐平,大小一样。这样就可以使书法作品气脉贯通,具有多样变化的美。就是书论中所说的"安点",是"点"的书写技法,要"作余字总竟",和"空中遥掷笔作之",有点的字先把其他部分写完,然后"安点",那点要在空中远远地落下,而"安"在字上,就像将笔远掷过去而留下的点迹。

在这段,精辟地概述了草书的三种要法:即(1)要缓前急后,状如龙蛇,勾连不断,棱侧起伏。(2)要篆隶相杂,融为一体,应势而运。(3)不得急促匆匆作草书,应凝重而曲折。第五段,说明写楷书先要引八分,章草等笔意进入楷书当中,然后才能发人意气,如果直取通行的字体,就不能发人意气。各种书体就其形式有不同的特点,它们的用笔意趣可以相互融合,贯通与促进,这里又提出一个著名论点:"书体互通说"。

第六段是作者说他年轻时学卫夫人的书法，自认为很不错了，可是当他渡过长江北游名山，见到李斯、曹喜的书法，又在许昌看到钟繇、梁鹄的书法；在洛阳看到蔡邕的《石经》；在堂兄王洽那里看到张昶的《华岳碑》，这才明白学卫夫人书法是浪费时光，故改向名碑学习。他告诉人们学习书法要博采众长，要转益多师，方能有所成就，仅学一家，最后只能是徒费年月，浪费光阴。

对于《题卫夫人〈笔阵图〉后》不少人都认为是伪托、"胡说"，其主要论据是，王羲之见到名碑后认为，从师卫夫人学书是一种错误，是浪费时光，王羲之幼年学书于卫夫人，后来又向叔父王廙学习，那些名碑拓本自能见到，很正常，有何过错？特别是"千金勿传"绝非王羲之之言，实属诋师之语。也有人提出"可藏之，千金勿传"不像是王羲之的原话，等等，说法不一，但以此断定全文为伪，尚须斟酌。

仔细分析《题卫夫人〈笔阵图〉后》会发现它的个别字句确是后人添加上去的，例如"蔡邕《石经》三体书"其中"三体"二字是妄加的，因为三体《石经》是《魏石经》。然而我们不能以此完全否定文中所说的事实。以往文化典籍传播，全靠传抄，在辗转传抄过程中，讹误难免。

五、《用笔赋》

原文

秦、汉、魏至今，隶书其惟钟繇，草有黄绮、张芝，至于用笔神妙，不可得而详悉也。夫赋以布诸怀抱，拟形于翰墨也。辞云：何异人之挺发，精博善而含章。驰凤门而兽据，浮碧水而龙骧。滴秋露而垂玉，摇春条而不长。飘飘远逝，浴天池而颉颃；翱翔弄翮，凌轻霄而接行。详其真体正作，高强劲实。方圆穷金石之丽，纤粗尽凝脂之密。藏骨抱筋，含文包质。没没汩汩，若蒙汜之落银钩；耀耀晞晞，状扶桑之挂朝日。或有飘□骋巧，其若自然；包罗羽客，总括神仙。季氏韬光，类隐龙而怡情；王乔脱屣，焱飞凫而上征。或改变驻笔,破真成草;养德俨如,威而不猛。游丝断而还续,龙鸾群而不争;发指冠而眦裂,据纯钩而耿耿。忽瓜割兮互裂,复交结而成族;若长天之阵云,如倒松之卧谷。时滔滔而东注,乍纽山兮暂塞。射雀目以施巧,拔长蛇兮尽力。草草眇眇,或连或绝,如花乱飞,遥空舞雪;时行时止,或卧或蹶,透嵩华兮不高,逾悬壑兮非越。信能经天纬地,毗助王猷,耽之玩之,功积山丘。吁嗟秀逸,万代嘉休,显允哲人,于今鲜俦。共六合而俱永,与两曜而同流;郁高峰兮偃盖,如万岁兮千秋。

释文

从秦、汉、魏到今天,擅长隶书的只有钟繇,擅长草书的有黄绮、张芝,至于用笔神妙,没有得到详尽全面的论述。我想以赋的形式把心中的理解发布出来,并形之于笔墨。文辞是:哪来的奇异的人啊(以拟人的手法描述书法),如此挺秀英发,博大精善又文采内涵。飞驰到帝王之门,而如同猛兽蹲踞,漂浮于碧水之上而如龙腾。滴下秋天的露水而如垂下玉珠,春风摇动枝条而长短适度。飘飘然消失在远方,在天池中洗浴时沉时浮;鼓动翅膀翱翔,高飞上碧霄而与众禽排列成行。看他的真书正楷,高明雄强,劲健充实。方笔圆笔穷究金石刻辞的美好,纤细粗壮尽头凝香聚脂的秘奥。骨骼深藏外抱以丰满的筋肉,饱含文采又包容朴质。有时平静有时急湍,像濛水、汜水映出天空的弯月,从微明到耀目,如同朝日升上了东方的扶桑。或者有些飘摇而灵巧多姿,神采自若;包罗了羽化的异客,总括了所有的神仙。神巫季咸深藏光芒,像龙隐在深渊一样怡情;仙人王子乔脱掉鞋子,忽然如飞起的水鸟向上冲天。或者改变了静止的笔势,突破真书而成草书;俨如极有修养、道德的人,威严而不勇猛。游丝断了还能连续,蛟龙鸾凤成群而不纷争;有时如怒发冲冠、睚眦欲裂,握住名为"纯钩"的利剑,欲上战场忠心耿耿。忽然像瓜被割裂,又另行交结而成为新的组合;

好像辽阔天空中的层云,又像倒挂的松树横卧在山谷。有时像流水滔滔向东方流注,突然移来一座山暂时阻塞。像射中雀目一样施展技巧,如五丁拔长蛇一样尽力。似乎草率而沓眇,或连或断,如花乱飞,漫天飞雪;时行时止,或卧或跌,穿透层嶂,嵩山、华山也不显得高了,飞逾险峻的深谷,也用不着跳跃。实在能经天纬地,辅助天子定国家大计,沉浸于此,玩味于此,功夫逐渐积累如同山丘。灵秀超逸的人,是万代美好光辉的典范,显赫而诚信的哲人,在今世实在难于找到俦侣。与天地四方而同在,与日月而一样运行;如枝叶浓郁的长松高峰的偃盖,如时光一样万岁千秋永无尽头。

六、《记白云先生书诀》

原文

天台紫真谓予曰:"子虽至矣,而未善也。书之气,必达乎道,同混元之理,七宝齐贵,万古能名。阳气明则华壁立,阴气太则风神生。把笔抵锋,肇乎本性。力圆则润,势疾则涩;紧则劲,险则峻;内贵盈,外贵虚;起不孤,伏不寡,回仰非近,背接非远;望之惟逸,发之惟静。敬兹法也,书妙尽矣。"言讫,真隐子遂镌石以为陈迹。维永和九年三月六日右将军王羲之记。

释文

天台紫真对我说:"你的字虽然写到家了,但还没有达到尽善尽美的境界。书法的气韵,必通于自然之道,同天地形成之初原始状态的道理一样。多种珍宝一齐称贵,才能有万古的能名。阳刚之气明则以壮美的姿态挺立,阴柔之气充则风华神韵产生。执管落笔,始于本性。力足就丰润,势疾就凝润;用笔紧则劲利,结体险则峻拔;字内贵盈满,字外贵虚和;提笔处不显单调,按笔处也不乏味;字画回仰相向处不迫近,相背遥接处也不远离;看去只有超逸,落笔只有安详。恭敬地奉行此法,书法的奥妙就穷尽了。"说完,真隐子便刻在石上,以为遗迹。永和九年三月六日右将军。

评析

这篇以假设白云先生口吻陈述的书论历来多有争论,有人认为此文绝非王羲之所撰,其理由是这篇书论南宋以前的古籍从未载入,只是在《书苑菁华》中首见此篇。此文最后署有"维永和九年三月六日右将军王羲之记",有明显的破绽,因为王羲之视右军官职如芥,据《法书要录》记载,王羲之有四百六十五帖,无一用右军署名的。不过传王献之《进书诀疏》云:"臣念父羲之字法为时第一,尝有《白云先生书诀》进于先帝之府。"因此,此篇是否王羲之所撰值得研究。有人推测此篇可能是王羲之所撰,只是最后一句是别人后来加上去的。阴阳的理论虽然在六朝以前就已出现,但将书法称为"书道"是从六朝开始的,纯以"道"论书是较早的书论,此论言简意赅,具有很高的学术价值,虽不能武断地说非王羲之莫属,但不是一般人所为,这是毋庸置疑的,也许此文意旨深邃,人们以仙人对右军所云的形式出现。王献之的《论书表》中也曾编造过故事,遇见仙人,人们很容易推测这是两位信奉道学的父子的共同戏说。

天台,是指浙江东部的天台山,隋代,敕建佛教寺庙国清寺,成为佛教天台宗的发源地。天台在隋代后不以道名世,在隋代前不以佛名世。从道士与天台相联系一事分析,本篇出自六朝可能性较大。王羲之在六朝时名望已很高,距他死后时间不长,随便编造他的文论,恐难以取信于人。综上所述,《记白云先生书诀》不能完全排除是王羲之所撰,或其精神实质可能是王羲之的思想。

首先,开头虚拟紫真道士说的话:"你书法虽然很好,已达到极佳的境界,但还不能称为大善,因未曾涉及书道的根本、书法的气韵。""必达乎道,同混元之理。"混元从字面上看是天地形成之初的原始状态,混元之理是天地万物生成之理,这就是所谓的"道"。古人认为人与自然不是对立的关系,而是亲和为一的关系。人是自然万物中的一分子,人只有与自然同呼吸共命运,自己才有存在的意义,才能真正地获得生命。天人合一的哲学观点表现在书法作品中,人们在欣赏这些作品时,才能体验"人"与"自然"的意蕴,可以由小见大,由一观全,包容更加丰富和深刻的意象。正如席勒所说:"美是形式,因为我们观照它,同时美又是生命,因为我们感知它。"①混元之理是书法必达之道,只有这样的书法作品才能真正成为一门艺术。王羲之将一横画比作千里阵云,一戈如百钧弩发,点画如高峰坠石,等等。就是将书法,甚至字体的每一构件与自然万物的生命联系起来,书法要达到至善境地,有多种因素构成,缺一不行,就像多种宝物聚在一起才能称贵一样。书论接下去论述了书法的阴阳之道,阴阳学说由来已久,思想家用这一概念来解释自然界中相互对立彼此消长的物质及其属性。阴阳对于万事万物产生发展具有重要意义,在书法中处理好阴阳问题是至关重要的,蔡邕就曾经说:"阴阳生,形势出矣。"古代以阳气主刚,阴气主柔,高山绝壁,有阳刚之美,然而还应有阴柔之美,阴柔产生风神,有神韵的内在美,字体骨架挺立具有阳刚之气,即壮美。阴柔之气则产生风华神韵谓之秀美。风神在宋代以后则词意转为刚柔结合,成为书法的最高境界。姜夔在《续书谱》中云:"风神者,一须人品高,二须师法古,三须纸笔佳,四须险劲,五须高明,六须润泽,七须向背得宜,八须出新意。"书法的握笔用锋始起于造字之理和艺术家的性格、气质、修养,即人与自然的本性,书法作为艺术,它的内在的生命存在着阴阳二气的运动,可谓"人化的自然",在它"达于道"时显示出"混元之理",然而艺术家的创作亦是其"本性"的表现。

这是玄学思想在艺术理论上的典型表露。何谓"润"?窦蒙《述书赋词例字格》解释说:"旨趣调畅曰润。"这篇书

---

① [德]席勒:《美育书简》,徐恒醇译,中国文联出版公司,1984年,第130页。

论认为，书法的要妙具体地说有以下几点："力圆则润"，用力饱满则墨色酣畅淋漓，显得丰润。"势疾则涩"，因为运笔速度快，墨象则凝涩。《续书谱》云："润以取妍，燥以取险。"唐代韩方明在其《授笔要说》一书中，引其师徐璹的话说："轻则须沉，便则须涩……不涩则险劲之状，无由而生。""紧则劲"，用笔紧密有力；"险则峻"结体险则峻拔。《述书赋词例字格》云："不期而然曰险……顿挫颖达曰峻。"字内贵盈满，字外贵空灵，古代书论中用笔、结字、布局，黑为内、白为外，也就是说黑处要实在，而白处要求虚和。"起不孤，伏不寡"历来解释不一，一般认为提笔处不是单纯的提笔，做到提中有按，而按笔不只是一味地"按"，要按中有提。书法笔画结构，回仰处应不接近，背接处不远离：看上去飞动，但书写时心态虚静，不是以动制动，而应该是以静制动，这样整篇书法作品就能一气相贯，恭敬地采用这种方法，就能悟出书法的要妙。